스마트경영정보시스템을 위한

C# 프로그래밍 기초와 실무

박창목 지음

- C# 기초문법과 프로그래밍 도구 설명
- 경영정보시스템 개발을 위한 실무 핵심내용 수록
- 데이터베이스 및 윈도우 프로그램 작성법 제시
- Google OR-Tools 사용법 및 코드 설명 수록

황소걸음
아카데미
Slow & Steady

C# 프로그래밍 기초와 실무

펴낸날 | 2021년 9월 3일 초판 1쇄
지은이 | 박창목
만들어 펴낸이 | 정우진 강진영
디자인 | 김재석(carp518@hanmail.net)
펴낸곳 | 서울시 마포구 토정로 222 한국출판콘텐츠센터 420호
편집부 | (02) 3272-8863
영업부 | (02) 3272-8865
팩 스 | (02) 717-7725
홈페이지 | www.bullsbook.co.kr
이메일 | bullsbook@hanmail.net
등 록 | 제22-243호(2000년 9월 18일)

황소걸음
아카데미
Slow & Steady

ISBN 979-11-86821-60-2 93000

교재 검토용 도서의 증정을 원하시는 교수님은
이메일로 연락주시면 검토 후 책을 보내드리겠습니다.

머리말

C#은 마이크로소프트웨어에서 개발한 객체지향프로그램 언어이다. 문법이 비교적 쉽고 편리한 컴퓨터프로그래밍 환경을 제공하고 있어 기업 업무용 컴퓨터소프트웨어를 개발하는 용도로 가장 많이 사용되고 있다.

기업에서는 1980년대부터 경영정보시스템(MIS) 이라고 하는 컴퓨터소프트웨어를 이용하여 업무를 관리하기 시작하였고, 2000년대부터는 다양한 업무를 통합관리 할 수 있는 ERP 라는 소프트웨어가 등장하여 기업업무용 시스템으로 관심을 받게 되었다. 최근에는 최적화, 데이터분석 등의 중요성이 부각되면서 스마트경영정보시스템에 대한 관심이 증가되고 있다. 특히 제조기업에서는 스마트팩토리를 구축하는 것이 큰 이슈가 되고 있다. 이러한 시대적 변화속에서 기업정보시스템을 구축하기 위한 기술은 단순한 데이터 저장 및 관리뿐만 아니라 시각화, 데이터분석, 최적화 기술이 중요한 영역으로 자리잡고 있다.

본 책은 스마트경영정보시스템 초보 개발자에게 필요한 핵심적인 내용을 제공하고 있다. 먼저 컴퓨터프로그래밍을 처음 접하는 독자를 위하여 기초적인 C# 문법과 기업업무를 전산화하기 위한 실무적인 프로그래밍 방법을 소개하고 있다. 또한 데이터관리를 위한 데이터베이스 사용법 및 사용자 인터페이스를 구현하기 위한 윈도우 프로그래밍 기법도 다룬다. 서두에 언급한 바와 같이 스마트경영정보시스템은 데이터분석 및 최적화기법이 적용되어 의사결정에 도움이 되는 정보를 제공하는 것이 특징이다. 본 책에서는 Google OR-Tools 라는 도구를 사용하여 최적운영계획을 생성하는 프로그래밍 방법론을 마지막장에서 소개하고 있다.

본 책이 스마트경영정보시스템 개발을 배우려는 독자들에게 조금이라도 도움이 되었으면 한다. 또한 출간에 도움을 주신 황소걸음아카데미 임직원분들께 감사의 말씀을 전한다. 마지막으로 집필 활동을 응원해준 사랑하는 아내와 아들 진우에게도 고마움을 전하고 싶다.

2022년 8월

박창목

차례

Chapter 1

스마트경영정보시스템 개요

1.1 기업경영과 정보시스템

기업경영은 산업이라는 대상을 시스템적인방법으로 설계하고 운영하는 학문이다. 여기서 산업이라는 것은 크게 제조기업, 서비스기업, 금융기업, 의료기업, 공공기관 및 교육기관을 모두 포함한다. 또한 시스템적인 방법이라는 것은 과학, 공학 및 경영학의 원리를 결합한 방법론이라고 할 수 있다. 그리고 기업을 설계하고 운영한다는 것은 예를 들면 공장을 설계 및 구축하고, 매일 반복되는 생산과정을 효율적으로 돌아가도록 통제하는 것이라고 볼 수 있다.

그러면 실제 시스템적인 방법으로 기업을 설계하고 운영하는 것은 어떤 형태로 기업에 존재할까? 실제 기업에서는 경영정보시스템을 이용하여 일을 하게 된다. 이러한 시스템안에 많은 공학적 방법론들이 담겨 있다고 볼 수 있다. 대표적인 경영정보시스템은 아래와 같다.

시스템 이름	영업정보시스템
특성	제품 및 상품을 판매하기 위한 업무를 지원하는 정보시스템

시스템 이름	창고관리시스템
특성	창고에 물품을 입고 및 출고 하는 업무를 지원하는 정보시스템

시스템 이름	구매정보시스템
특성	원자재 및 상품을 구매하기 위한 업무를 지원하는 정보시스템

시스템 이름	생산정보시스템
특성	생산 시스템의 운영 및 통제활동을 지원하는 정보시스템

시스템 이름	인적자원정보시스템
특성	종업원의 모집, 배치, 개발, 평가, 보상 등 인사관리 기능을 지원하는 정보시스템

시스템 이름	재무 및 관리회계 정보시스템
특성	투자활동과 자금조달 등 재무 활동을 지원, 분개에서 전기, 결산에 이르는 회계의 전반 업무 및 이와 관련된 업무를 처리하는 시스템

이러한 경영정보시스템의 실제적인 역할은 무엇일까? 먼저 기본적인 역할은 정보의 입출력 및 저장 기능이다. 즉 업무를 진행하면서 발생되는 많은 데이터를 저장하게 된다. 그리고 우리가 필요한 정보를 조회하여 다음 업무가 무엇인지 알려준다. 그래서 현재의 기업업무는 컴퓨터가 없이는 불가능해졌다. 경영정보시스템의 두 번째 중요한 역할은 기업운영에 도움이 되는 최적운영계획을 제공한다는 것이다. 이러한 분석기능은 경영최적화, BI(Business Intelligence), 데이터과학이라는 이름으로 기업에서 많이 사용되고 있다.

경영정보시스템은 두 가지 시스템으로 구성되어 있다. 첫 번째는 데이터를 정의하고 관리하는 데이터베이스 시스템이며 두 번째는 응용프로그램이다. 데이터베이스 시스템은 테이블형태로 데이터구조를 정의하고 DBMS(Database Management System)라는 소프트웨어를 이용하여 효율적으로 데이터를 저장 및 조회하는 기능이다. 응용프로그램은 사용자들이 직접 마우스와 키보드를 이용하여 사용하는 컴퓨터소프트웨어를 의미한다. 데이터베이스 시스템은 내부에서 구동되는 소프트웨어지만 응용프로그램은 사람이 직접 조작해야 하므로 대부분 GUI(Graphic User Interface)를 가지고 있다. 대부분 기업에서는 자체 업무에 적합하도록 응용프로그램을 개발하여 사용하거나 경영정보시스템이 통합된 ERP(Enterprise Resource Planning) 소프트웨어를 사용하고 있다.

경영정보시스템에 최적운영계획 생성기능이 포함된 것을 스마트경영정보시스템이라고 정의할 수 있다. 이러한 기능은 기존에 사람이 수작업으로 생성하던 계획들을 컴퓨터가 자동으로 생성해 주게 되는데 대부분 이익을 최대화하고 비용을 최소화 하는 목적을 가진 최적화 수학 모델을 사용하게 된다.

이러한 스마트경영정보시스템을 개발하려면 컴퓨터프로그래밍이 필요하고 적절한 언어를 사용해야 한다. 최근 많은 컴퓨터언어가 사용되고 있지만 저비용으로 기업경영정보시스템을 빠르게 개발할 수 있는 도구는 C# 이라고 말할 수 있다. 본 책에서는 C#으로 스마트경영정보시스템을 제작하기 위한 방법들을 제시한다.

1.2 컴퓨터 프로그래밍 개요

컴퓨터로 경영정보시스템을 개발하려면 컴퓨터와 대화할 수 있는 언어를 알고 있어야 한다. 컴퓨터와 사람이 대화할 수 있도록 개발된 언어는 C#, Java, C++, R, Python 등 많은 종류가 있다. 현대에 컴퓨터 언어는 두 가지 방향으로 변화하고 있다. 첫번째 방향은 매우 쉽게 만들어지고 있어 일반사람도 빨리 익혀서 원하는 작업을 수행할 수 있도록 진화하고 있다. 두번째는 특정목적에 적합한 언어들이 개발되고 사용되고 있다는 것이다. 예를 들면 요즘 초등학생들의 컴퓨터 교육목적으로 사용되고 있는 스크래치(Scratch)를 들 수 있다. 경영정보시스템 개발을 위해서 가장 많이 사용되는 컴퓨터언어는 마이크로소프트사에서 배포한 C# 이다.

사실 컴퓨터는 사람과 다르게 전기의 on/off 만 인식하는 전자회로이다. 즉 0, 1만 사용하는 아주 단순한 언어를 사용하는 종족이라고 볼 수 있다. 하지만 인간은 언어(영어)에 익숙하기 때문에 C# 이라는 것은 영어로 표현된 명령문과 몇 가지 문법이 제공된 서술방법이며, 우리가 원하는 경영정보시스템을 C# 언어로 표현하면 C# 개발회사에서 제공된 소프트웨어가 이를 해석해서 컴퓨터가 이해할 수 있는 형태로 변환시켜 준다. 그래서 대부분의 컴퓨터 언어에는 이를 서술하기 위한 편집프로그램과 변환해주는 번역프로그램(컴파일러)가 필요하다.

1) C# 컴퓨터 프로그래밍 도구

Visual Studio는 C# 응용 프로그램을 개발하기 위한 필수 도구를 모은 파일이다. 컴파일러, 실행파일 생성, 도움말 문서와 같이 개발자에게 유용한 도구 등을 제공한다. 마이크로소프트사의 아래 사이트에서 최신버전을 무료로 제공받을 수 있다.

https://visualstudio.microsoft.com/ko/vs/

C# visual studio 2019는 community, professional, enterprise 3개 버전이 있다. 개인개발자는 visual studio community를 설치하면 된다. 소형 시스템은 professional, 대형 개발 시스템은 enterprise를 설치한다.

위 사이트에서 설치를 온라인(online)으로 하는 경우와 오프라인(offline, 설치파일 생성) 두 가지 경우가 가능하다.

① 온라인 설치인 경우 위 사이트에서 vs_community_***.exe 형식의 파일을 다운로드하고 실행하면 인터넷으로 설치가 된다.

② 오프라인 설치인 경우 전체 설치파일을 다운로드한 후, 인터넷 연결없이 설치가 가능하다. 이 경우 설치파일 다운로드에 시간이 많이 걸린다. 일단 윈도우에서 cmd를 실행하고 명령줄에서 아래와 같이 입력하고 엔터키를 누르면 설치파일이 다운로드 된다. 1번에서 다운로드 받은 파일 vs_community_***.exe가 있는 폴더에서 실행해야 한다.

```
vs_community_***.exe --layout c:\vslayout -add
 Microsoft.VisualStudio.Workload.ManagedDesktop -add
 Microsoft.VisualStudio.Workload.NetWeb -add
 Component.GitHub.VisualStudio --includeOptional -lang ko-KR
```

다운로드가 끝나면 c드라이브에 vslayout 폴더가 생기고, vs_setup.exe 클릭하면 인터넷 연결 없이도 설치가 가능하다.

C# 개발만 하는 경우 아래 그림처럼 .NET 데스크톱 개발 만 선택하고 설치버튼을 누르면 된다.

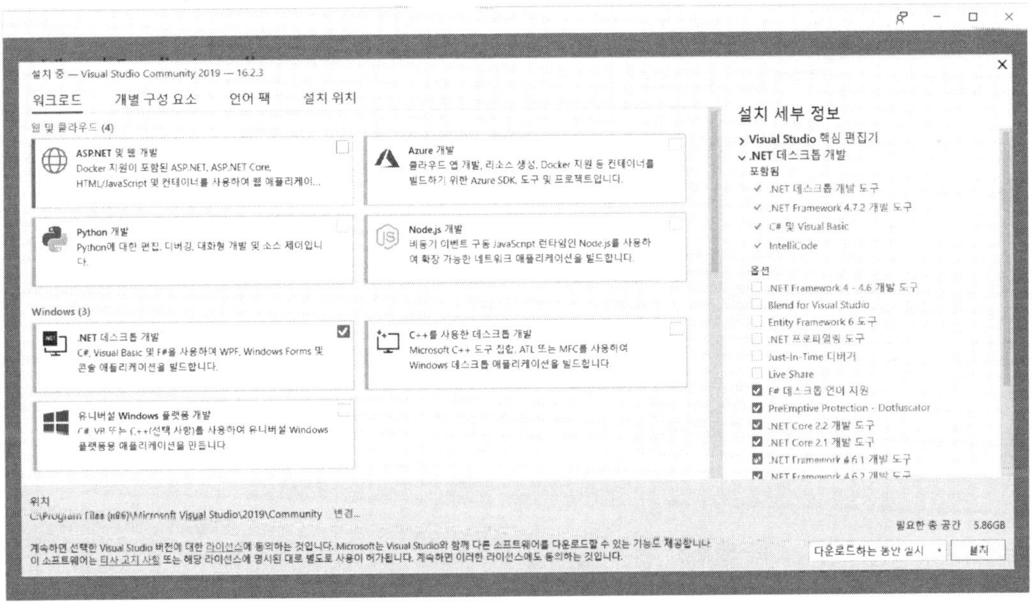

설치후 계속 무료로 사용하려면 Microsoft 계정으로 로그인해야 한다.

2) C# 컴퓨터프로그램 작업 절차

① C# 프로젝트 생성

컴퓨터 응용 프로그램은 다양한 형태가 있으며 가장 간단한 형태는 콘솔 응용 프로그램이다. 아래와 같이 Visuao Studio에서 새 프로젝트 만들기를 선택하면 응용 프로그램 종류를 선택할 수 있다.

아래와 같이 콘솔 앱(.Net Framework)을 선택하고 다음 버튼을 누르고, 프로젝트 이름을 입력하고 만들기 버튼을 누르면 코드를 입력할 수 있는 환경이 자동 생성된다.

아래와 같이 Program.cs 파일에 문법에 맞도록 작업순서를 서술한다. 소스코드는 *.cs 형식으로 저장된다.

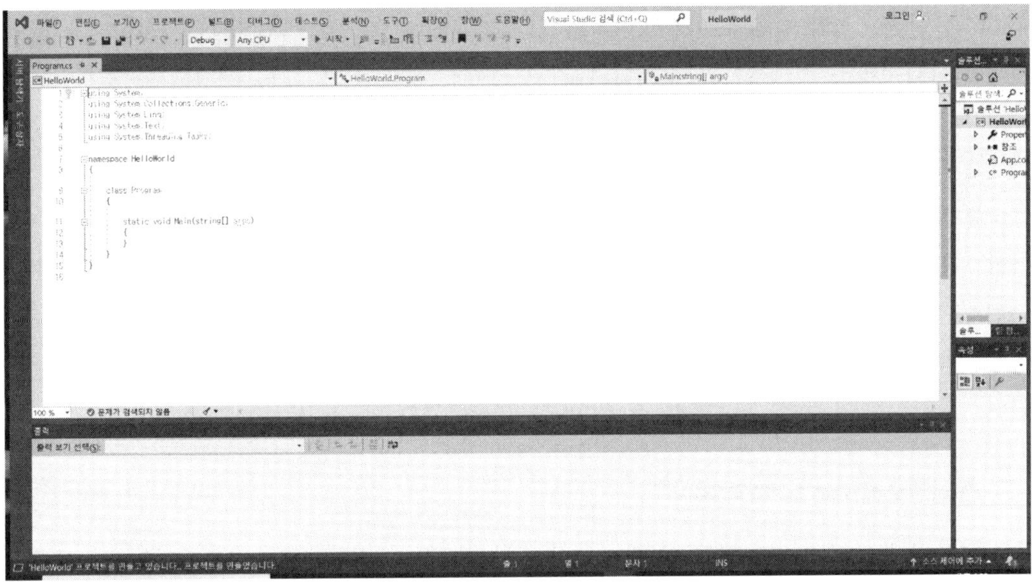

② 컴파일 및 실행파일 생성하기

텍스트로 만들어진 cs 파일은 사람에게는 효율적이지만 컴퓨터에서 사용하기에는 비효율적이다. 그래서 cs 파일을 컴퓨티기 실행할 수 있다록 하는 전처리 단계가 필요한데 이것이 컴파일이다. 즉 컴퓨터가 이해하기 쉬운 형태로 번역하는 것이다. Visual Studio 의 메뉴 중 빌드 > 솔루션 빌드를 선택하면 컴파일이 실행되고 문제가 없으면 실행파일 생성된다. 문법적인 오류가 발생된 경우 붉은색 표시로 오류위치를 알려준다. 실행파일은 프로젝트 폴더내에 bin > Debug 폴더에 *.exe 로 생성된다. 디버깅이 끝나고 실행파일을 실제 적용할 경우는 Release 모드에서 솔루션빌드를 하면 bin > Release 폴더에 실행파일이 생성된다.

③ 실행하기

컴파일오류가 없는 경우 Visual Studio 메뉴중 디버그 > 디버깅 시작을 클릭하면 실행된다. 혹은 *.exe 파일을 직접 클릭해서 실행도 가능하다.

3) 디버깅(Debugging)하기

사람이 제작한 컴퓨터 프로그램은 세가지 오류를 가질 수 있다. 컴파일 오류는 Visual Studio가 알려주지만 실행오류와 논리오류는 프로그램을 작성한 사람이 프로그램을 실행하면서 수정해야 한다.

○ 컴파일오류(syntax error)

문법적인 오류이다. 언어라는 것은 미리 약속된 단어사용 및 순서를 지켜야 하는데, 이러한 부분에 오류가 발생한 것이다. 예를 들면 특정 용어의 철자가 잘못된 경우 혹은 미리약속된 순서를 무시하고 단어를 사용한 경우 등이다. Visual Studio를 사용하는 경우 오류가 발생한 곳에 붉은색 밑줄이 표시된다. 밑줄에 마우스 포인터를 올려보면 오류의 종류를 알 수 있다.

○ 실행오류(run time error)

컴파일은 문제없지만 실행 시 에러가 발생한 경우이다. 예를 들면 특정 숫자를 0으로 나누는 경우이거나, 존재하지 않는 메모리 위치를 사용하는 경우이다.

○ 논리오류(logical error)

실행이 잘되고 컴퓨터도 오류메세지를 보내지 않는 경우이다. 오직 사람만이 찾을 수 있다. 예를 들면 최대값을 찾으려는 프로그램을 작성했는데, 실제로는 최소값을 찾는 경우이다.

Chapter 2

C#을 이용한 컴퓨터 프로그래밍

2.1 C# 프로그램 기초

1) Hello World 프로젝트 만들기

① 메뉴에서 파일 > 새프로젝트를 클릭하면 새로운 프로젝트를 자동생성할 수 있다. 최초 템플릿은 콘솔 응용 프로그램을 선택한다.

② Main 함수에 아래 코드를 입력하고, 위 녹색 실행버튼을 누르면 도스창에 Hello World 문자가 출력된다.

```
Console.WriteLine("Hello World");
Console.Read();
```

2) C# 프로그램 구조

C# 프로그램은 최소한 한 개의 *.cs 파일에 최소 한 개의 클래스를 가지고 있어야 하며 꼭 Main() 메소드를 가지고 있어야 한다.

구조	설명
Prolog	• 외부에서 제공된 기능을 사용할 때 해당 네임스페이스를 지정한다.

네임스페이스
{
클래스A {...}
클래스B {...}
}
	• 클래스들의 집합을 네임스페이스로 묶어주는 역할을 한다.

클래스
{
...
}
	• 프로그램을 이루는 기본개체이면 여러 개의 클래스를 선언하여 사용할 수 있다.

구조	설명

메소드
{
…
}
	• 클래스안에서 세부 실행사항을 표현하는 단위함수
	• static void Main() 메소드는 꼭 한개 존재해야하며 프로그램의 시작점 역할을 한다.

// (한줄 주석) /**/ (블럭 주석)	• 주석처리 되어 컴파일에서 무시된다.

실제코드 예

```
using System;
namespace HelloWorld
{
  class Program
  {
    static void Main(string[] args)
    {
      // 화면 출력하기
      Console.WriteLine("Hello World");
      Console.Read();
    }
  }
}
```

마지막 Console.Read()는 Visual Studio 에서 실행할 때 사용자가 엔터키를 입력하기 전까지 실행 상태를 유지하기 위해서 사용되었다.

3) C# 프로그램 간단 입출력 기능

WriteLine() 은 문자 및 숫자를 화면에 출력하고 다음 행으로 리턴한다. Write()는 행을 바꾸지 않고 화면에 내용을 출력한다. ReadLine() 은 한줄의 문자열을 키보드로 부터 입력받고, Read()는 문자 하나를 키보드로 부터 입력받는다.

4) C# 코드 표시 구성요소

C#코드는 키워드, 식별자, 상수, 연산자, 구분자로 표시된다.

① 키워드(Keyword)

아래 표와 같이 C#에서 특별히 의미가 있는 예약어(Reserved Word)이다.

abstract	as	base	bool
char	checked	class	const
do	double	else	enum
finally	fixed	float	for
in	int	interface	internal
new	null	object	operator
protected	public	readonly	ref
sizeof	stackalloc	static	string
true	try	typeof	uint
using	virtual	void	volatile

break	byte	case	catch
continue	decimal	default	delegate
event	explicit	extern	false
foreach	goto	if	implicit
is	lock	long	namespace
out	override	params	private
return	sbyte	sealed	short
struct	switch	this	throw
ulong	unchecked	unsafe	ushort
while			

② 식별자(Identifier)

사용자가 임으로 사용할 수 있는 이름이다. 영문자 및 밑줄로 시작해야 하며, 위에서 설명한 키워드를 사용하면 안된다. 대소문자와 소문자는 다른 문자로 인식된다. 즉 xvalue와 XVALUE 는 다른 이름이다.

③ 상수

변하지 않는 숫자나 문자를 말한다.

④ 연산자

아래 표와 같은 수학적인 연산기능을 표시한다.

<table>
<tr><th>분류</th><th>연산자</th><th></th></tr>
<tr><td colspan="2">단항</td><td>+ - ! ~ ++ --</td></tr>
<tr><td rowspan="2">산술</td><td>곱셈/나눗셈</td><td>* / %</td></tr>
<tr><td>덧셈/뺄셈</td><td>+ -</td></tr>
<tr><td colspan="2">시프트</td><td>〈〈 〉〉</td></tr>
<tr><td rowspan="2">관계</td><td>비교</td><td>〈 〉 〈= =〉 is as</td></tr>
<tr><td>등가</td><td>= - | =</td></tr>
<tr><td rowspan="3">비트</td><td>비트 AND</td><td>&</td></tr>
<tr><td>비트 OR</td><td>|</td></tr>
<tr><td>비트 XOR</td><td>^</td></tr>
<tr><td rowspan="3">조건</td><td>조건 AND</td><td>&&</td></tr>
<tr><td>조건 OR</td><td>||</td></tr>
<tr><td>조건</td><td>?:</td></tr>
<tr><td colspan="2">대입</td><td>= *= /= += -= 〈〈= 〉〉= &= ^= |=</td></tr>
</table>

⑤ 구분자

블럭, 행을 구분하는 기호를 말한다.

{	}	[	]	(	)	.	,	;	:

아래 코드는 두개의 수를 만들고 곱하는 코드이며 코드를 구성요소로 분해하여 오른쪽에 설명하고 있다.

코드	구성요소
`int x=10;`	int(키워드) x(식별자) =(연산자) 10(상수) ;(구분자)
	코드의미: 4바이트 변수 x를 만들고 여기에 10을 할당
`int y=20;`	int(키워드) y(식별자) =(연산자) 20(상수) ;(구분자)
	코드의미: 4바이트 변수 y를 만들고 여기에 20을 할당
`int z=x+y;`	int(키워드) z(식별자) =(연산자) x(식별자) +(연산자) y(식별자) ;(구분자)
	코드의미: 4바이트 변수 z를 만들고 x+y 결과를 할당

5) 데이터형과 변수

① 변수형

데이터를 저장하는 공간을 변수라 하며, 변수는 값형 변수와 참조형 변수가 있다. 값형 변수는 스택(stack)메모리 영역에 내용값이 저장된다. 반면 참조형 변수는 스택(stack)에는 이름만 저장되고 실제 내용은 힙(heap)영역에 저장되는데 클래스 객체 혹은 배열이 이런 식으로 저장된다. 아래 코드가 실행될 때 일반 변수 X는 스택에 모두 저장되고 객체 Y,Z는 스택과 힙을 이용하여 저장된다.

<table>
<tr><th>코드</th><th>저장 메카니즘</th></tr>
<tr><td>int X=6;
ClassA Y=new ClassA()
ClassB Z=new ClassB()</td><td>
<table>
<tr><th>스택(stack)</th><th>힙(heap)</th></tr>
<tr><td>X=6
Y=1번 힙영역
Z=2번 힙영역</td><td>
<table>
<tr><td>1</td><td>ClassA객체 실제데이터</td></tr>
<tr><td>2</td><td>ClassB객체 실제데이터</td></tr>
</table>
</td></tr>
</table>
</td></tr>
</table>

② 변수 타입

분류	키워드	구조체형	크기(byte)
숫자형 (정수형)	sByte byte short ushort int uint long ulong	System.Sbyte System.Byte System.Int16 System.UInt16 System.Int32 System.UInt32 System.Int64 System.UInt64	1 1 2 2 4 4 8 8
숫자형 (실수형)	float double decimal	System.Single System.Double System.Decimal	4 8 16
문자형	char	System.Char	2
문자열형	string	System.String	
불리언형	bool	System.Boolean	1비트

③ 열거형 변수

값이 지정되어 있는 데이터를 표현할 때 사용한다. 아래 코드는 요일을 나타내는 변수 WeekDay를 열거형으로 생성한 것이다. WeekDay는 미리 정의된 7개의 값만 표현할 수 있다.

```
enum WeekDay
{
  Monday, Tuesday, Wednesday,
  Thursday, Friday, Saturday, Sunday
}
```

④ 구조체(Struct)

구조를 가지는 데이터형을 표현할 때 사용할 수 있다. 아래 코드는 사각형을 나타내는 구조체를 표현한 것이다.

```
struct Square
{
 int Height;
 int Width;
}
```

6) 사칙연산 계산기 예제

2개의 숫자를 키보드로 입력받고, 사칙연산을 수행하여 화면에 출력하는 프로그램을 아래와 같이 작성하고 실행해 본다. ReadLine()을 이용하여 문자코드를 입력받고 Double.Parse() 를 이용하여 실수로 변환한 후에 연산을 수행한다. 키보드입력은 숫자도 문자로 인식되므로 숫자 변환이 꼭 필요하다.

```
using System;
namespace Calcu
{
 class Program
 {
  static void Main(string[] args)
  {
   Console.Write("첫번째 값을 입력하세요");
   string value1 = Console.ReadLine();

   Console.Write("두번째 값을 입력하세요");
   string value2 = Console.ReadLine();

   double dValue1 = Double.Parse(value1);
   double dValue2 = Double.Parse(value2);

   Console.WriteLine("{0}+{1}={2}", dValue1, dValue2, dValue1 + dValue2);
   Console.WriteLine("{0}x{1}={2}", dValue1, dValue2, dValue1 * dValue2);
   Console.WriteLine("{0}-{1}={2}", dValue1, dValue2, dValue1 - dValue2);
   Console.WriteLine("{0}/{1}={2}", dValue1, dValue2, dValue1 / dValue2);
   Console.Read();
  }
 }
}
```

7) 평균구하기 예제

이름과 국어, 영수, 수학 점수를 입력받고 평균점수를 계산하여 출력하는 프로그램을 작성해 본다. 이름/국어/영어/수학/평균은 구조체를 사용하여 저장하였다. 평균은 소수점 둘째 자리까지만 출력한다.

```
using System;
namespace Score
{
 struct Student
 {
  public string name;
  public int Korean;
  public int English;
  public int Math;
  public double average;
 }
 class Program
 {
  static void Main(string[] args)
  {
   Student A;
   Console.Write("이름을 입력하세요 ");
   A.name= Console.ReadLine();
   Console.Write("국어점수를 입력하세요 ");
   A.Korean = Int32.Parse(Console.ReadLine());
   Console.Write("영어점수를 입력하세요 ");
   A.English = Int32.Parse(Console.ReadLine());
   Console.Writc("수학점수를 입력히세요 ");
   A.Math = Int32.Parse(Console.ReadLine());
   A.average = (A.Korean + A.English + A.Math) / 3.0;
   Console.WriteLine("{0}평균점수는{1,2:F}입니다.", A.name, A.average);
   Console.Read();
  }
 }
}
```

2.2 제어문, 반복문 그리고 예외처리

1) 조건문

조건식의 결과에 따라 명령문을 선택적으로 실행할 수 있는 기능을 제공한다.

① if문

```
if(조건식)
  명령문; // 조건이 참일 때 실행
```

② if-else 문

```
if(조건식)
  명령문1; // 조건이 참일 때 실행
else
  명령문2; // 조것이 거짓일 때 실행
```

③ 다중 if-else 문

if문 안에 다른 if문이 중첩해서 사용될 수 있다. 명령문이 2행 이상이 되면 { ... }와 같은 코드블록을 사용해야 한다.

```
if(조건식A)
{
  if(조건식B)
    명령문1; // 조건식 A,B가 모두 참일 때 실행
  else
    명령문2; // 조건식A가 참이고, 조건식B가 거짓일 때 실행
}
else
{
  명령문3;    // 조것A가 거짓일 때 실행됨
}
```

④ switch 문

조건의 결과가 다양할 때 각 경우별 실행문을 사용할 수 있는 기능을 제공한다.

```
switch(조건변수)
{
  case 값1 :
     명령문1 ; // 조건변수의 값이 값1과 일치할 때 실행
     break ;
  case 값2 :
     명령문2 ; // 조건변수의 값이 값2과 일치할 때 실행
     break;
 default :
     명령문3 ;  // 어떠한 값도 만족하지 않을 때 실행
     break;
}
```

2) 반복문

반복적으로 명령문을 실행하는 기능을 제공한다. for, while문이 있다.

① while 문

조건식을 만족하는 동안 반복적으로 명령문이 실행된다. 조건이 만족되지 않으면 while 문을 빠져나온다.

형식

```
while(①조건식)
{
  ②명령문; // 조건이 거짓이 될 때까지 반복 실행
}
```

실행순서
①조건식 체크, 조건식이 맞으면 계속실행, 아니면 종료 ②명령문 실행 ①조건식 체크, 조건식이 맞으면 계속실행, 아니면 종료 ②명령문 실행 위와 같이 ①,②번 계속 반복

② do while 문

최초 명령문이 한번 실행되고 조건식을 체크한 후 반복적으로 명령문이 실행된다.

형식

do
{
  ① 명령문; // 조건이 거짓이 될 때까지 반복 실행
} while(② 조건식);

실행순서
① 명령문 실행 ② 조건식 체크, 조건식이 맞으면 계속실행, 아니면 종료 ① 명령문 실행 ② 조건식 체크, 조건식이 맞으면 계속실행, 아니면 종료 위와 같이 ①,②번 계속 반복

③ for 문

반복의 시작과 끝을 지정하고 명령문이 반복된다.

형식

for(① 변수 초기값 지정 ; ② 조건식 ; ④ 변수 증감)
{
  ③ 명령문; // for 문에서 지정된 방법으로 반복 실행
}

실행순서
① 변수 초기 값 설정 ② 조건식 체크, 조건식이 맞으면 계속실행, 아니면 종료 ③ 명령문 실행 ④ 변수 증감 실행 ② 조건식 체크, 조건식이 맞으면 계속실행, 아니면 종료 ③ 명령문 실행 ④ 변수 증감 실행 위와 같이 ②, ③, ④번 계속 반복

④ break, continue 문

break문은 반복문을 무조건 종료하는 기능을 가지며, continue 문은 이후 명령문을 무시하고 다시 조건체크로 돌아가 반복을 계속할지 체크하게 된다.

3) 예외처리문

프로그램이 실행중에 에러를 만나는 경우 프로그램이 비정상적으로 중지되지 않도록 처리문을 사용할 수 있다.

```
try
{
  에러가 발생가능한 명령문;
}
catch(예외종류)
{
  에러가 발생되면 처리할 내용
}
```

4) if문 사용 예제

학년과 시험점수를 입력받고, 1학년은 시험점수가 50점 이상이면 합격, 2학년 이상은 60점 이상이면 합격처리하는 로직을 if문으로 표현하면 아래와 같다.

```
using System;
namespace ifEx
{
  class Program
  {
    static void Main(string[] args)
    {
      Console.Write("학년을 입력하세요 ");
      int year = Int32.Parse(Console.ReadLine());
      Console.Write("점수를 입력하세요 ");
      int score = Int32.Parse(Console.ReadLine());
      if(year==1)
      {
        if( score >= 50 )
          Console.WriteLine("합격");
        else
          Console.WriteLine("불합격");
      }
      else
      {
        if( score >= 60 )
          Console.WriteLine("합격");
        else
          Console.WriteLine("불합격");
      }
      Console.Read();
    }
  }
}
```

5) switch문 예제

학점을 입력받고 switch 문을 이용하여 학점별 전달 메세지를 알려주는 코드를 작성하면 아래와 같다.

```
using System;
namespace switchEx
{
  class Program
  {
    static void Main(string[] args)
    {
      Console.Write("학점을 입력하세요 ");
      string grade = Console.ReadLine();
      switch(grade)
      {
        case "A":
          Console.WriteLine("최고입니다.");
          break;
        case "B":
          Console.WriteLine("잘했습니다.");
          break;
        case "C":
          Console.WriteLine("조금 부족하네요.");
          break;
        case "D":
          Console.WriteLine("좀더 열심히 하세요.");
          break;
        case "F":
          Console.WriteLine("괜찮아요 다음에 잘하면 되죠.");
          break;
        default:
          Console.WriteLine("점수가 잘못된거 같습니다.");
          break;
      }
      Console.Read();
    }
  }
}
```

6) 조건문 연습(예금 잔액 계산하기)

저축시작년도, 현재년도, 저축금액, 이자율을 입력받고 현재 잔액을 계산하는 프로그램을 작성해본다. 단리 혹은 복리인지 물어보는 질문을 하고 1이면 단리, 2이면 복리로 설정해서 계산하도록 한다. 계산식은 다음과 같다.

단리 예금액 계산: 저축액*(1+이자율*예금기간)

복리 예금액 계산: 저축액*(1+이자율)^{예금기간}

전체 프로그램은 다음과 같다.

```
using System;
namespace DepositCalcu
{
  class Program
  {
    static void Main(string[] args)
    {
      double interest;
      int nStartYear;
      int nCurrentYear;
      int nDeposit;
      int period;
      double nCurrentDeposit;
      int type;

      Console.Write("저축 시작 년도를 입력하세요: ");
      nStartYear = Int32.Parse(Console.ReadLine());

      Console.Write("현재 년도를 입력하세요: ");
      nCurrentYear = Int32.Parse(Console.ReadLine());

      Console.Write("저축금액을 입력하세요(단위: 원): ");
      nDeposit = Int32.Parse(Console.ReadLine());

      Console.Write("이자율: ");
      interest = Double.Parse(Console.ReadLine());
        period = nCurrentYear - nStartYear + 1;
        if (type == 1)
        {
          nCurrentDeposit = nDeposit *(1+ interest * period);
        }
```

```
        else
        {
          nCurrentDeposit = nDeposit*Math.Pow(1 + interest,period);
        }
        Console.WriteLine("현재 잔액은 {0,2:F} 원 입니다.", nCurrentDeposit);
        Console.Read();
    }
  }
}
```

7) 반복문 연습(1에서 100까지 합 구하기)

1에서 100까지 수를 합하여 출력하는 프로그램은 아래와 같다.

for문 사용	while문 사용	do-while문 사용

int sum = 0;
int i;
for (i = 0; i <= 100; i++)
{
 sum = sum + i;
}
Console.WriteLine(sum);
	int sum = 0;
	int i = 1;
	while (i <= 100)
	{
	 sum = sum + i;
	 i = i + 1;
	}
	Console.WriteLine(sum);
		int sum = 0;
		int i=1;
		do
		{
		 sum = sum + i;
		 i=i+1;
		} while(i <=100);
		Console.WriteLine(sum);

8) 반복문 연습(각 연도별 예금잔액 출력하기)

저축시작년도, 현재년도, 저축금액, 이자율을 입력받고 각 연도별 현재 잔액을 계산하여 보여주는 프로그램을 작성해본다. 단리와 복리 금액 모두 보여준다. 계산방식은 이전 예제와 동일하다.

단리 예금액 계산: 저축액*(1+이자율*예금기간)
복리 예금액 계산: 저축액*$(1+\text{이자율})^{\text{예금기간}}$

```
using System;
namespace DepositCalcu2
{
  class Program
  {
    static void Main(string[] args)
    {
      double interest;
      int nStartYear;
      int nCurrentYear;
      int nDeposit;
      int period;
      double currentDeposit1, currentDeposit2;

      Console.Write("저축 시작 년도를 입력하세요: ");
      nStartYear = Int32.Parse(Console.ReadLine());

      Console.Write("현재 년도를 입력하세요: ");
      nCurrentYear = Int32.Parse(Console.ReadLine());

      Console.Write("저축금액을 입력하세요(단위: 원): ");
      nDeposit = Int32.Parse(Console.ReadLine());

      Console.Write("이자율: ");
      interest = Double.Parse(Console.ReadLine());
      period = nCurrentYear - nStartYear + 1;
      int i;
      for(i=1;i<period;i++)
      {
        currentDeposit1 = nDeposit * (1 + interest * i);
        currentDeposit2 = nDeposit * Math.Pow(1 + interest, i);
        Console.WriteLine("{0}년도 예상저축금액: 단리={1,2:F}원
             , 복리={2,2:F}원 입니다."
             , nStartYear + i, currentDeposit1
             , currentDeposit2);
      }
      Console.Read();
    }
  }
}
```

2.3 메소드와 배열

1) 메소드(Method)

① 정의

명령문을 묶어 이름을 붙인 것을 메소드(Method)라고 한다. 아래와 같은 형식으로 정의한다.

```
접근지정자 리턴형 메소드이름(인자) {
  명령문 1;
  명령문 2;
  ...
  return 리턴값
}
```

- 접근지정자 : 메소드를 사용할 수 있는 권한을 지정한다. 보통 public 으로 지정하면 제약없이 사용된다.
- 리턴형 : 메소드가 결과값으로 주는 값의 형식을 지정한다. 없으면 void 로 지정한다.
- 메소드이름 : 메소드를 호출할 때 사용하는 이름이다.
- 인자 : 메소드를 호출할 때 전달되는 값을 표현, 없을 수도 있고, 여러 개도 가능하다.
- 명령문 : 실제 메소드가 호출되면 실행되는 명령문이다.
- 리턴 값 : 메소드가 종료될 때 호출한 쪽으로 돌려주는 값이다. 메소드 리턴형이 void면 return 문이 없다.

최초 프로그램 작성시 사용하는 Main() 메소드는 처음 시작하는 특별한 메소드이다. Main() 메소드는 항상 static void 리턴형을 사용해야 한다.

두개의 정수를 받아 합을 구하는 메소드는 아래와 같이 정의가능 하다.

```
public int addtwo(int x, int y){
 int z=0;
 z=x+y;
 return z;
}
```

② 메소드 중첩

메소드내에 다른 메소드를 사용할 수 있다. 아래 그림은 4개의 정수합을 구하기 위하여 메소드내에서 addtwo 메소드를 3번 사용하였다.

```
public int addtwo(int x, int y){
 int z=0;
 z=x+y;
 return z;
}

public int addfour(int x1, int x2, int x3, int x4){
 int x=addtwo(x1,x2;
 int y=addtwo(x3,x4);
 int z=addtwo(x,y);
 return z;
}
```

③ 메소드 내부 지역변수

지역변수란 메소드 안에서 선언된 변수이며, 메소드가 실행될 때만 메모리에서 생성되고 메소드 실행이 끝나면 사라진다. 변수선언후 항상 초기화를 해주어야 한다. 아래 코드에서 변수 x,y,z는 method 실행이 끝나면 메모리에서 사라진다.

```
public int method(){
 int x=10;
 int y=20;
 int z=x+y;
}
```

2) 배열(Array)

일주일간 창고 입출고를 저장하고, 총입고량, 총출고량, 현재수량을 분석하는 코드를 작성해 보자. 현재수량=총입고량-총출고량 으로 계산한다. 전체 코드는 다음과 같다.

```
int iMon, iTue, iWed, iThu, iFri, iSat, iSun;
int oMon, oTue, oWed, oThu, oFri, oSat, oSun;

Console.Write("월요일 입고량을 입력하세요:");
iMon = Int32.Parse(Console.ReadLine());
Console.Write("화요일 입고량을 입력하세요:");
iTue = Int32.Parse(Console.ReadLine());
Console.Write("수요일 입고량을 입력하세요:");
iWed = Int32.Parse(Console.ReadLine());
Console.Write("목요일 입고량을 입력하세요:");
iThu = Int32.Parse(Console.ReadLine());
Console.Write("금요일 입고량을 입력하세요:");
iFri = Int32.Parse(Console.ReadLine());
Console.Write("토요일 입고량을 입력하세요:");
iSat = Int32.Parse(Console.ReadLine());
Console.Write("일요일 입고량을 입력하세요:");
iSun = Int32.Parse(Console.ReadLine());
Console.Write("월요일 출고량을 입력하세요:");
oMon = Int32.Parse(Console.ReadLine());
Console.Write("화요일 출고량을 입력하세요:");
oTue = Int32.Parse(Console.ReadLine());
Console.Write("수요일 출고량을 입력하세요:");
oWed = Int32.Parse(Console.ReadLine());
Console.Write("목요일 출고량을 입력하세요:");
oThu = Int32.Parse(Console.ReadLine());
Console.Write("금요일 출고량을 입력하세요:");
oFri = Int32.Parse(Console.ReadLine());
Console.Write("토요일 출고량을 입력하세요:");
oSat = Int32.Parse(Console.ReadLine());
Console.Write("일요일 출고량을 입력하세요:");
oSun = Int32.Parse(Console.ReadLine());

int iTotal = iMon + iTue + iWed + iThu + iFri + iSat + iSun;
int oTotal = oMon + oTue + oWed + oThu + oFri + oSat + oSun;
int currentQty = iTotal - oTotal;

Console.WriteLine("주간 총입고량={0} , 총출고량={1}, 현재수량={2}"
 , iTotal, oTotal, currentQty);
```

위 코드처럼 각 요일별 입고량과 출고량을 저장하는 변수를 만들어 사용하는 경우 프로그램 코드량이 많아져서 비효율적이다. 이런 경우에 다음에 소개하는 배열 변수가 유용하다.

① 정의

형식이 같은 유사데이터를 묶어서 하나의 커다란 변수로 취급하기 위해 배열(Array)을 사용한다. 배열변수이름은 스택(stack)메모리에 저장되고, 실제 데이터는 힙(Heap)메모리에 저장된다. 배열은 아래와 같이 선언하고 생성한다.

사용방법	배열 사용법
배열변수를 만들고 나중에 값을 채우는 경우	int[ ] A; A=new int[10]; for(int i=0;i<5;i++) A[i]=i;
배열변수 생성과 동시에 값을 채우는 경우	int[] A={0,1,2,3,4}

② 다차원 배열

아래처럼 배열을 선언하면 실제 메모리에 2차원형식의 메모리 공간이 만들어진다.

int[,] A={ {0,1,2,3,4} , {5,6,7,8,9} }

0	1	2	3	4
5	6	7	8	9

2차원배열 데이터에 접근하기 위해서 “배열이름[행번호][열번호]” 형식을 사용한다. 예를 들면 A[1][3]은 위 데이터에서 8을 지칭한다.

③ 배열의 메소드

아래처럼 다양한 기능을 제공한다.

기능	설명
System.Array.Sort()	작은 순서부터 큰 순서대로 정렬해준다.
System.Array.Clear()	배열값들을 초기화한다.
System.Array.Clone()	배열 복사본을 생성한다.
System.Array.IndexOf()	특정값의 위치를 알려준다.

④ 메소드 인자전달 방식

아래처럼 단순한 변수를 메소드에서 참고할 경우, 단순히 변수의 값만 전달된다. 이를 값에 의한 전달(Call by value)라고 한다. 반면 배열을 메소드에서 참고할 경우, 배열의 주소값이 전달된다. 이를 참조에 의한 전달(Call by reference)라고 한다. 아래코드에서 methodByValue()는 값에 의한 전달을 하게 되고, methodByRef()는 참조에 의한 전달을 하게 된다. methodByValue()에서 수정된 변수 값은 main 변수에 영향을 주지 않는다. 반면 methodArray()에서 수정된 배열변수는 main변수에 영향을 준다. 일반변수를 참조에 의한 전달로 메소드를 사용하려면 ref를 붙여서 사용한다.

아래 코드를 사용하여 메소드 인자 전달을 연습해 본다. 출력1에서 변수 a는 값에 의한 호출방식으로 메소드에서 사용되었기 때문에 실제 a값은 변화없이 10이 출력된다. 배열이 메소드에서 사용되면 참조호출방식으로 전달되기 때문에 출력2에서 각 배열은 1씩 증가되어 출력된다. 출력3에서 a변수는 참조방식으로 전달되었기 때문에 11이 출력된다.

```
namespace methodEx
{

 class Program
 {
  public static void methodByValue(int x)
  {
   x=x+1;
  }
  public static void methodArray(int[] x)
```

```
    {
     for(int i=0;i<5;i++) x[i] = x[i] + 1;
    }
    public static void methodByRef(ref int x)
    {
     x = x + 1;
    }
    static void Main(string[] args)
    {
     int a=10;
     methodByValue(a);
     Console.WriteLine(a); // 출력 1

     int[] b={0,1,2,3,4};
     methodArray(b);
     for (int i = 0; i < 5; i++) Console.WriteLine(b[i]); // 출력2

     methodByRef(ref a);
     Console.WriteLine(a); // 출력3
    }
   }
  }
```

3) 메소드와 배열을 이용한 주간 재고관리 예제

앞에서 작성한 재고관리 예제를 배열과 메소드를 이용하여 프로그램을 작성해 본다. 입고량을 저장하는 배열 inQty와 출고량을 저장하는 배열 outQty를 사용하였다. 키보드로 부터 입고량과 출고량을 받는 코드는 유사하므로 반복문을 사용하여 간략화 하였다. 또한 입고량과 출고량 합을 구하는 코드도 유사하므로 arraySum() 이라는 메소드를 만들어 재사용하도록 하였다.

```
using System;
namespace Inventory
{
  class Program
  {
    static int arraySum(int[] x)
    {
      int sum=0;
```

```
    int i;
    for (i = 0; i < x.Length; i++)
    {
      sum = sum + x[i];
    }
    return sum;
  }
  static void Main(string[] args)
  {
    int[] inQty=new int[7];
    int[] outQty = new int[7];
    string[] date = { "월", "화", "수", "목", "금", "토", "일" };
    int i;
    for (i = 0; i < 7; i++)
    {
      Console.Write("{0}요일 입고량을 입력하세요", date[i]);
      inQty[i] = Int32.Parse(Console.ReadLine());
    }
    Console.WriteLine();
    for (i = 0; i < 7; i++)
    {
      Console.Write("{0}요일 출고량을 입력하세요", date[i]);
      outQty[i] = Int32.Parse(Console.ReadLine());
    }
    int iTotal = arraySum(inQty);
    int oTotal = arraySum(outQty);
    int currentQty = iTotal - oTotal;
    Console.WriteLine("주간 총입고량={0} , 총출고량={1}, 현재수량={2}"
      , iTotal, oTotal, currentQty);
    Console.Read();
  }
 }
}
```

4) 작업시간 정렬 예제

3개의 제품에 대한 생산작업시간을 입력받고 정렬하는 코드를 작성한다. 처음 작업시간은 A, B, C에 저장한다. 그리고 가장 작은 작업시간을 A, 중간 작업시간을 B, 가장 긴 작업시간을 C로 옮기는 코드를 작성해 본다.

```
using System;
namespace sort_swaping
{
  class Program
  {
    static void Main(string[] args)
    {
      int a, b, c;
      Console.Write("a ? ");
      a = int.Parse(Console.ReadLine());
      Console.Write("b ? ");
      b = int.Parse(Console.ReadLine());
      Console.Write("c ? ");
      c = int.Parse(Console.ReadLine());

      if(a > b)
      {
        int temp=a;
        a=b;
        b=temp;
      }
      if(b > c)
      {
        int temp=b;
        b=c;
        c=temp;
      }
      if(a > b)
      {
        int temp=a;
        a=b;
        b=temp;
      }
      Console.WriteLine("{0}<{1}<{2}", a, b, c);
      Console.Read();
    }
  }
}
```

위 코드에서 두 수를 비교해서 바꾸는 로직은 동일하므로 sorting이라는 메소드를 사용하여 아래처럼 코드를 간소화 할 수 있다. 메소드에서 참조에 의한 전달을 사용하도록 하였다.

```
public static void sorting(ref int x, ref int y)
{
  if (x > y)
  {
    int temp = x;
    x = y;
    y = temp;
  }
}
static void Main(string[] args)
{
  int a, b, c;
  Console.Write("a ? ");
  a = int.Parse(Console.ReadLine());
  Console.Write("b ? ");
  b = int.Parse(Console.ReadLine());
  Console.Write("c ? ");
  c = int.Parse(Console.ReadLine());

  sorting(ref a, ref b);
  sorting(ref b, ref c);
  sorting(ref a, ref b);

  Console.WriteLine("{0}<{1}<{2}", a, b, c);
  Console.Read();
}
```

5) 계산기 예제

연속적으로 사칙연산을 수행할 수 있는 계산기를 만들어 본다. 문자를 입력받아 "q"를 입력 받으면 연산을 중지한다. 계산은 Calcu라는 메소드를 사용한다.

```
namespace Calcu
{
  class Program
  {
    static double Calcu(double a, string op, double b)
    {
      double r = 0;
      switch (op)
      {
```

```
        case "+":
          r = a + b;
          break;
        case "-":
          r = a - b;
          break;
        case "*":
          r = a * b;
          break;
        case "/":
          r = a / b;
          break;
      }
      return r;
    }
    static void Main(string[] args)
    {
      while (true)
      {
        Console.Write("계속진행할까요(중지를 원하면 q를 누르세요) ");
        string quit = Console.ReadLine();
        if (quit == "q") break;
        Console.Write("값1 ? ");
        double x = double.Parse(Console.ReadLine());
        Console.Write("연산(+,-,*,/) ? ");
        string o = Console.ReadLine();
        Console.Write("값2 ? ");
        double y = double.Parse(Console.ReadLine());
        double result = Calcu(x, o, y);
        Console.WriteLine("={0,2:F}", result);
      }
    }
  }
}
```

6) 평균과 분산 계산 예제

제품 개수를 입력받고 그 개수만큼 제품 길이 값을 입력받아 평균과 분산을 계산하여 출력하는 프로그램을 작성한다. 데이터는 배열에 저장한다.

```
namespace avgCalcu
{
  class Program
  {
    static void Main(string[] args)
    {
      int N = 0;
      double mean = 0.0;
      double variance = 0.0;
      double sum = 0.0;

      Console.Write("제품 개수를 입력하세요: ");
      N = int.Parse(Console.ReadLine());
      double[] data = new double[N];
      for (int i = 0; i < N; i++)
      {
        Console.Write("{0} 번째 데이터를 입력하세요: ", i + 1);
        data[i] = double.Parse(Console.ReadLine());
      }

      // 평균 계산
      for (int i = 0; i < N; i++)
      {
        sum += data[i];
      }
      mean = sum / N;

      // 분산 계산
      sum = 0.0;
      for (int i = 0; i < N; i++)
      {
        sum += (mean - data[i]) * (mean - data[i]);
      }
      variance = sum / N;

      Console.WriteLine("제품 길이 평균은 {0,2:F} 입니다.", mean);
      Console.WriteLine("제품 길이 분산은 {0,2:F} 입니다.", variance);
    }
  }
}
```

위 코드는 Mean() 과 Variance() 메소드를 사용하여 아래와 같은 형식으로 정리할 수 있다. 메소드를 사용하는 것이 코드 관리와 재사용측면에서 유리하다.

```
static double Mean(double[] x)
{
  double mean = 0.0;
  for (int i = 0; i < x.Length; i++)
  {
    mean = mean+ x[i];
  }
  mean = mean / x.Length;
  return mean;
}
static double Variance(double[] x)
{
  double mean = Mean(x);
  double variance = 0.0;
  for (int i = 0; i < x.Length; i++)
  {
    variance = variance+ (mean - x[i]) * (mean - x[i]);
  }
  variance = variance / x.Length;
  return variance;
}
static void Main(string[] args)
{
  //위 코드와 동일하지만 평균과 분산을 구할때 메소드를 사용한다.
  mean = Mean(data);
  variance = Variance(data);

}
```

2.4 객체지향개념

1) 객체지향프로그래밍(Object-Oriented Programming) 개요

컴퓨터를 이용하여 데이터분석 프로그램을 작성하기 위해서는 데이터를 준비하고 알고리즘(절차식계산)을 수행하게 된다. 절차식프로그램은 이러한 데이터 정의와 알고리즘을 연속해서 서술하여 컴퓨터를 이용하여 분석작업을 수행하도록 설계하는 것이다. 그러나 복잡한 프로그램을 작성하는 경우에 절차식 프로그램은 비효율적이며 관리하기 어렵다. 그래서 최근 대부분의 프로그래밍 언어는 객체지향프로그래밍(Object-Oriented Programming) 방식을 사용하고 있다.

객체지향방식은 데이터와 알고리즘을 하나의 그룹으로 묶어서 객체(Object)로 정의하고, 이러한 객체를 가지고 다양한 프로그램을 제작하는 것이다. 객체지향방식을 사용하게 되면 프로그램 코드 관리가 쉬우며 다른 사람과 프로그램 코드를 쉽게 공유할 수 있게 된다. 객체지향방식이 발전함에 따라 컴퓨터프로그램이 모듈화되어 비전문가도 필요한 컴퓨터분석을 쉽게 구현할 수 있게 되었다. 즉 이제 우리는 객체 몇 개만 정의하면 간단하게 경영관리프로그램을 제작할 수 있는 것이다. 이렇게 객체단위로 구조화 하여 작성하는 프로그래밍을 객체지향프로그램이라고 한다.

클래스(Class)는 이러한 객체에 대한 설계명세서이다. 즉 객체가 데이터를 가지고 어떤 알고리즘을 수행하는지 서술한 것이다. 여기서 데이터는 속성(Property)라 하고 알고리즘은 메소드(Method)라고 한다. 이러한 클래스가 실제 사용된 것이 객체인 것이다. 예를 들어 기업에서 월급계산용 프로그램을 작성하려고 한다. 월급계산에 대한 데이터와 계산식을 정의하여 클래스로 제작하고, 구매부 직원용 월급계산객체, 영업부 직원용 월급계산객체 및 생산부 직원용 월급계산객체를 만들어서 컴퓨터를 돌리면 기업의 월급계산이 완성되는 것이다.

2) 클래스 선언 및 객체 생성

클래스(Class)를 설계하기 위해서는 아래와 같은 형식으로 선언할 수 있다. 주요요소는 클래스 이름, 속성, 메소드를 정의하는 것이다. 접근지정자는 외부에서 해당클래스 및 메소드를 사용하는 것을 제한할 때 사용하는 것으로 일반적으로 공개사용을 지정하는 public을 사용한다. 메소드인자는 해당 메소드를 호출할 때 선달할 수 있는 데이터를 의미힌다.

```
클래스접근지정자 class 클래스이름 {
  속성형식 속성이름;
  메소드접근지정자  메소드반환값형식 메소드이름(메소드인자) {
    메소드 내용 서술;
  }
}
```

월급계산에 대한 클래스 예는 아래와 같다. 월급계산은 200만원 + 근무연수*2만원 + 부서보너스를 합한 금액이다.

```
public class Salary
{
 public string name;
 public int service_years; // 근무년수
 public int group_bonus; // 부서보너스
 public int getSalary()
 {
  return 200 + service_years * 2 + group_bonus;
 }
}
```

이러한 클래스를 이용하여 실제 객체를 생성하기 위해서는 아래와 같은 형식으로 객체를 생성할 수 있다. 객체 생성은 new를 사용한다.

```
Salary worker;
worker=new Salary();
```

3) 클래스 및 객체 사용 예제

영업부서에서 일하는 홍길동(근무연수 10년)과 구매부서에 일하는 전우치(근무연수 5년)의 월급을 계산하여 출력하는 프로그램을 작성해 보자. 영업부서 보너스는 20만원, 구매부서 보너스는 18만원이다. 아래 코드를 입력하여 실행해 본다. Visual Studio Project 이름은 SalaryOutput 으로 입력한다.

```
using System;
namespace SalaryOutput
{
 public class Salary
 {
  public string name;
  public int service_years;
  public int group_bonus;
  public int getSalary()
  {
   return 200 + service_years * 2 + group_bonus;
```

```
    }
  }
  class Program
  {
    static void Main(string[] args)
    {
      Salary w1 = new Salary();
      w1.name="홍길동";
      w1.service_years=10;
      w1.group_bonus=20;
      Console.WriteLine("{0} 월급은 {1} 만원 입니다",w1.name,w1.getSalary());

      Salary w2 = new Salary();
      w2.name="전우치";
      w2.service_years=5;
      w2.group_bonus=18;
      Console.WriteLine("{0} 월급은 {1} 만원 입니다", w2.name, w2.getSalary());

      Console.Read();
    }
  }
}
```

4) 클래스 및 객체 관련 부가기능 예제

① 생성자 예제

객체가 생성될 때 속성값 초기화 목적으로 실행되는 메소드이다. 객체가 생성될때 자동으로 실행되며 항상 클래스 이름과 동일하다. 생성자를 선언하지 않으면 내부적으로 자동 생성된다. 앞에서 사용한 Salary 클래스에서 객체가 생성될 때 사원이름과 근무년수 및 부서보너스를 초기화하려면 아래와 같은 생성자를 선언하고 실제 객체를 생성할 때 필요한 데이터를 지정하면 된다.

```
using System;
namespace SalaryOutput
{
  public class Salary
  {
    public string name;
```

```
    public int service_years;
    public int group_bonus;
    public Salary(string n,int s,int g) // 생성자 선언
    {
     name = n;
     service_years = s;
     group_bonus = g;
    }
    public int getSalary()
    {
     return 200 + service_years * 2 + group_bonus;
    }
   }
   class Program
   {
    static void Main(string[] args)
    {
     Salary w1 = new Salary("홍길동",10,20);
     Console.WriteLine("{0} 월급은 {1} 만원 입니다",w1.name,w1.getSalary());

     Salary w2 = new Salary("전우치",5,18);
     Console.WriteLine("{0} 월급은 {1} 만원 입니다", w2.name, w2.getSalary());

     Console.Read();
    }
   }
  }
```

② 메소드 인자 전달 예제

객체의 메소드를 호출할 때 특정 데이터를 전달하여, 프로그램 수행내용을 변경할 수 있다. 예를 들어 Salary 클래스에서 getSalary() 메소드를 호출할 때 여름휴가비 포함 사항을 전달하여 월급계산에 고려하고자 한다면 아래와 같이 설정한다.

```
using System;
namespace SalaryOutput
{
 public class Salary
 {
  public string name;
  public int service_years;
  public int group_bonus;
```

```
    public Salary(string n,int s,int g)
    {
     name = n;
     service_years = s;
     group_bonus = g;
    }
    public int getSalary(bool bSummer)
    {
     if(bSummer==true)
       return 200 + service_years * 2 + group_bonus+40;
     else
       return 200 + service_years * 2 + group_bonus;
    }
  }
  class Program
  {
    static void Main(string[] args)
    {
     Salary w1 = new Salary("홍길동",10,20);
     Console.WriteLine("{0} 월급은 {1} 만원 입니다",w1.name,w1.getSalary(true));

     Salary w2 = new Salary("전우치",5,18);
     Console.WriteLine("{0} 월급은 {1} 만원 입니다", w2.name,w2.getSalary(true));

     Console.Read();
    }
  }
}
```

③ 메소드 오버로딩(Overloading,메소드 중복 정의) 예제

한 클래스내에서 동일 이름을 가진 두개 이상의 메소드를 작성할 수 있다. 그런데 반드시 매개변수의 개수 혹은 데이터 타입이 달라야 한다. 매개변수는 다르지만 동일한 기능을 하는 메소드인 경우 동일한 이름을 사용하여 구조를 단순하게 할 수 있다. 위 예제에서 여름 휴가비 포함을 고려하지 않는 월급계산과 고려하는 월급계산을 동시에 사용하고 싶은 경우 두개의 메소드를 선언할 수 있다. 이때 사용자는 두 가지 메소드를 자유롭게 사용할 수 있다.

```
using System;
namespace SalaryOutput
{
 public class Salary
```

```
    {
     public string name;
     public int service_years;
     public int group_bonus;
     public Salary(string n,int s,int g)
     {
      name = n;
      service_years = s;
      group_bonus = g;
     }
     public int getSalary(bool bSummer)
     {
      if(bSummer==true)
       return 200 + service_years * 2 + group_bonus+40;
      else
       return 200 + service_years * 2 + group_bonus;
     }
     public int getSalary()
     {
      return 200 + service_years * 2 + group_bonus;
     }
    }
    class Program
    {
     static void Main(string[] args)
     {
      Salary w1 = new Salary("홍길동",10,20);
      // 여름휴가비 포함하지 않는 월급계산 사용
      Console.WriteLine("{0} 월급은 {1} 만원 입니다",w1.name,w1.getSalary());

      Salary w2 = new Salary("전우치",5,18);
      // 여름휴가비 포함하는 월급계산 사용
      Console.WriteLine("{0} 월급은 {1} 만원 입니다", w2.name,w2.getSalary(true));

      Console.Read();
     }
    }
   }
```

④ static 키워드 예제

일반적으로 클래스를 이용하여 실제 개체를 만들어야만 프로그램 내에서 해당 개체의 속성 및 메소드를 사용할 수 있게 된다. 그런데 속성 및 메소드에 static 키워드를 사용하게 되면 객체 생성 없이 속성 및 메소드를 호출하여 사용할 수 있다. static 은 프로그램 내에서 공통으로 사용되는 전역변수 및 전역함수를 정의하기 위하여 주로 사용된다. 아래 예는 면적 계산에 대한 함수들을 모아 전역함수로 사용한 예이다.

```
using System;
namespace StaticTest
{
  class AreaCalcu
  {
    // 사각형 면적 구하기
    static public double getAreaRect(double width, double height)
    {
      return width * height;
    }
    // 삼각형 면적 구하기
    static public double getAreaTri(double width, double height)
    {
      return width * height / 2;
    }
    // 원 면적 구하기
    static public double getAreaCircle(double radius)
    {
      return radius * radius * 3.14;
    }
  }
  class Program
  {
    static void Main(string[] args)
    {
      // 객체 생성 없이 바로 AreaCalcu 클래스 기능을 사용한다.
      Console.WriteLine(AreaCalcu.getAreaRect(2,6));
      Console.WriteLine(AreaCalcu.getAreaTri(5,8));
      Console.WriteLine(AreaCalcu.getAreaCircle(4.5));
      Console.Read();
    }
  }
}
```

⑤ 클래스 상속(Inheritance) 예제

C#에서 부모 클래스의 속성과 메소드를 동일하게 물려받는 자식 클래스를 선언하여 사용할 수 있다. 이러한 방식은 코드의 중복을 피하고, 클래스의 기능을 확장하는 효율적인 방식을 제공한다. 아래 그림은 데이터의 평균을 표시하는 클래스를 확장하여 분산도 표시할 수

있는 클래스를 만들었다. 이때 DataSummary는 부모클래스가 되고, DataSummaryChild는 자식클래스가 된다. DataSummaryChild는 평균을 표시하는 기능도 자동으로 가지게 된다.

```
using System;
namespace SangsokTest
{
 class DataSummary
 {
  public void printMean(double x, double y, double z)
  {
   double m=(x+y+z)/3;
   Console.WriteLine("데이터 평균은 {0}",m );

  }
 }
 class DataSummaryChild : DataSummary
 {
  public void printVariance(double x, double y, double z)
  {
   double m = (x + y + z) / 3;
   double v = Math.Pow(x - m, 2) + Math.Pow(y - m, 2) + Math.Pow(z - m, 2);
   v = Math.Sqrt(v / 3);
   Console.WriteLine("데이터 분산은 {0}", v);
  }

 }
 class Program
 {
  static void Main(string[] args)
  {
   DataSummaryChild obj = new DataSummaryChild();
   obj.printMean(3, 5, 4);
   obj.printVariance(3, 5, 4);
   Console.Read();
  }
 }
}
```

⑥ 메소드 오버라이딩(OverRide, 매소드 재정의) 예제

상속개념에서 자식클래스가 부모클래스의 메소드를 재정의하는 것을 말한다. 일반적으로 부모클래스에서 정의된 메소드의 기능변경이 필요한 경우 이러한 방법을 사용하는데, 부모 메소드의 형태를 그대로 유지해야 한다. 아래 예는 데이터의 분석기능을 업데이트하여 자식클래스에서 변형시킨 예이다. 원래 데이터요약 기능인 printSummary() 메소드는 평균값을 출력하는 기능이었는데, 자식클래스에서 최소값, 최대값을 출력해주는 기능으로 변경 되었다. 이렇게 printSummary() 라는 메소드가 자식클래스에서 재정의 되기 위해서는 부모메소드에 virtual 키워드가 지정되고 자식메소드에는 override 키워드가 설정되어야 한다.

```
using System;
namespace OverRideTest
{
 class DataSummary
 {
  public virtual void printSummary(double x, double y, double z)
  {
   double m = (x + y + z) / 3;
   Console.WriteLine("데이터 평균은 {0} 입니다.", m);
  }
 }
 class DataSummary2 : DataSummary
 {
  public override void printSummary(double x, double y, double z)
  {
   double max=x,min=x;
   if (y > max) max = y;
   if (z > max) max = z;
   if (y < min) min = y;
   if (z < min) min = z;
   Console.WriteLine("최대값은 {0} 이고, 최소값은 {1} 입니다.",max,min);
  }
 }
 class Program
 {
  static void Main(string[] args)
  {
   DataSummary obj01 = new DataSummary();
   obj01.printSummary(3, 5, 4);

   DataSummary2 obj02 = new DataSummary2();
   obj02.printSummary(3, 5, 4);

   Console.Read();
  }
 }
}
```

Chapter 3

기업업무 기초프로그래밍

3.1 영업관리 프로그램

영업관련 업무진행과 분석용 기능을 수행하도록 하는 명령어 기반 프로그램을 작성해 본다. 업무진행은 매출전표입력을 사용하고 분석기능은 고객별월매출 및 상품별월매출을 정리하여 화면에 보여주도록 한다. 전체 프로그램 구조는 다음과 같다.

```
using System;
using System.Collections;
namespace Sales
{
 struct saleinfo
 {
  ...
 }
 class Program
 {
  static void SaleSlip(saleinfo[] s)
  {
   // 매출등록 코드
  }
  static void CustomerSummary(saleinfo[] s)
  {
   // 고객별 매출액을 정리
  }
  static void ItemSummary(saleinfo[] s)
  {
   // 품목별 매출액을 정리
  }
  static void Main(string[] args)
  {
   ...
  }
 }
}
```

매출데이터의 저장은 아래와 같은 구조체를 사용한다.

```
struct saleinfo
{
 public string cid;  // 고객번호
```

```
  public string pid;  // 상품번호
  public int qty; // 판매수량
  public int amount; // 판매금액
 }
```

Main() 메소드는 아래와 같이 설계된다. 한달치 매출데이터는 배열에 저장되고 반복문과 키보드 입력을 통해 원하는 메뉴를 선택하도록 한다. 0번을 입력하면 프로그램이 종료된다.

```
static void Main(string[] args)
{
 saleinfo[] saledata = new saleinfo[31];
 while (true)
 {
  Console.WriteLine("# 1=매출전표입력,2=고객별월매출,3=상품별월매출
            ,0=프로그램종료 #");
  Console.Write("원하는 작업을 입력하세요 ");
  int command = Int32.Parse(Console.ReadLine()); // 키보드입력 받기
  if (command == 0) break; // 키보드입력이 0이면 프로그램 종료
  switch (command)
  {
   case 1:
    SaleSlip(saledata); // 키보드입력이 1이면 매출입력
    break;
   case 2:
    CustomerSummary(saledata); // 키보드입력이 2이면 고객별매출정리
    break;
   case 3:
    ItemSummary(saledata); // 키보드입력이 3이면 품목별매출정리
    break;
  }
 }
}
```

아래 내용은 매출전표입력를 실행한 화면이다.

```
file:///F:/c#project/vs2010/Sales/Sales/bin/Debug/Sales.EXE
# 1=매출전표입력, 2=고객별월매출, 3=상품별월매출, 0=프로그램종료 #
원하는 작업을 입력하세요 1
날짜를 입력하세요(1~31) 2
고객명을 입력하세요 C01
상품명을 입력하세요 P01
수량을 입력하세요 10
금액을 입력하세요 10000
# 1=매출전표입력, 2=고객별월매출, 3=상품별월매출, 0=프로그램종료 #
원하는 작업을 입력하세요 1
날짜를 입력하세요(1~31) 4
고객명을 입력하세요 C02
상품명을 입력하세요 P03
수량을 입력하세요 45
금액을 입력하세요 20000
# 1=매출전표입력, 2=고객별월매출, 3=상품별월매출, 0=프로그램종료 #
원하는 작업을 입력하세요 1
날짜를 입력하세요(1~31) 7
고객명을 입력하세요 C01
상품명을 입력하세요 P01
수량을 입력하세요 56
금액을 입력하세요 40000
```

위 내용을 입력하고 고객별월매출과 상품별월매출을 선택하면 아래와 같은 출력결과를 얻을 수 있다.

```
# 1=매출전표입력, 2=고객별월매출, 3=상품별월매출, 0=프로그램종료 #
원하는 작업을 입력하세요 2
C02:20000
C01:50000
# 1=매출전표입력, 2=고객별월매출, 3=상품별월매출, 0=프로그램종료 #
원하는 작업을 입력하세요 3
P01:50000
P03:20000
# 1=매출전표입력, 2=고객별월매출, 3=상품별월매출, 0=프로그램종료 #
원하는 작업을 입력하세요
```

매출전표입력은 아래와 같은 SaleSlip() 메소드로 구현된다. 입력받은 데이터는 (day-1)번째 s배열의 각 변수(cid, pid, qty, amount)에 저장된다.

```
static void SaleSlip(saleinfo[] s)
{
 Console.Write("날짜를 입력하세요(1~31) "); // 안내메세지 출력
 int day = Int32.Parse(Console.ReadLine()); // 날짜를 입력받음
 if (0 < day && day < 32) // 날짜숫자 오류 체크
 {
  Console.Write("고객명을 입력하세요 ");
  s[day-1].cid = Console.ReadLine();
  Console.Write("상품명을 입력하세요 ");
  s[day-1].pid = Console.ReadLine();
  Console.Write("수량을 입력하세요 ");
  s[day-1].qty = Int32.Parse(Console.ReadLine());
  Console.Write("금액을 입력하세요 ");
  s[day-1].amount = Int32.Parse(Console.ReadLine());
 }
  else Console.WriteLine(" 잘못된 날짜입력입니다. ");
}
```

고객별매출 총액을 정리하기 위한 메소드 CustomerSummary() 코드는 다음과 같다.

```
static void CustomerSummary(saleinfo[] s)
{
 Hashtable summarytable = new Hashtable();
 for (int i = 0; i < 31; i++)
 {
  string key=s[i].cid;
  if (key == null) continue;
  if (summarytable.ContainsKey(key))
   summarytable[key]=(int)summarytable[key] + s[i].amount;
  else
   summarytable.Add(s[i].cid,s[i].amount);
 }
 foreach (DictionaryEntry cs in summarytable)
  Console.WriteLine("{0}:{1}", cs.Key, cs.Value);
}
```

Hashtable 형태로 생성한 summarytable 은 [고객명,매출총액] 형식으로 저장되는 집합변수이다. Hashtable을 사용하기 위해서는 코드앞쪽 Prolog에 아래 코드를 사용해야 한다.

```
using System.Collections;
```

summarytable 에 고객별 매출액을 정리하기 위하여 아래와 같은 로직코드가 사용된다.

```
if (summarytable.ContainsKey(key)) // 고객이름이 등록되어 있으면
 // 기존 매출값에 더한다.
 summarytable[key]=(int)summarytable[key] + s[i].amount;
else // 고객이름이 등록되어 있지 않으면
 // 현재고객명을 key로 하고 매출액을 value로 하여 summarytable에 등록한다.
 summarytable.Add(s[i].cid,s[i].amount);
```

고객별 매출액 정리가 끝나면 아래 코드를 이용하여 고객별 매출액을 화면에 출력한다.

```
 foreach (DictionaryEntry cs in summarytable)
   Console.WriteLine("{0}:{1}", cs.Key, cs.Value);
```

foreach( ) 문은 집합에서 요소 하나씩 꺼내어 반복문을 수행하는 코드이다. 꺼낸 요소는 DictionaryEntry 객체에 저장되어 있다.

품목별 총액을 정리하기 위한 메소드 ItemSummary() 코드는 다음과 같다. 사용된 로직은 CustomerSummary() 코드와 동일하다.

```
static void ItemSummary(saleinfo[] s)
{
 Hashtable itemtable = new Hashtable();
 for (int i = 0; i < 31; i++)
 {
  string key = s[i].pid;
  if (key == null) continue;
  if (itemtable.ContainsKey(key))
   itemtable[key]=(int)itemtable[key] + s[i].amount;
  else
   itemtable.Add(s[i].pid, s[i].amount);
 }
 foreach (DictionaryEntry cs in itemtable)
```

```
  Console.WriteLine("{0}:{1}", cs.Key, cs.Value);
}
```

3.2 구매관리 프로그램

한달동안 구매계획 및 입고량을 관리할 수 있는 프로그램을 작성해보자. 저장할 데이터는 구매처, 구매품목, 구매량, 입고여부 이다. 분석에서는 한달동안 품목별 구매계획량과 입고량을 볼수 있도록 한다. 프로그램 전체 구조는 다음과 같다.

```
using System;
using System.Collections;
namespace buy
{
 struct buyinfo
 {
  ...
 }
 class Program
 {
  static void BuySlip(buyinfo[] s)
  {
   // 일별 구매계획을 등록한다.
  }
  static void CompleteProcess(buyinfo[] s)
  {
   // 특정 구매계획건에 대해서 입고되었음을 저장한다.
  }
  static void ItemBuySummary(buyinfo[] s)
  {
   //품목별로 구매계획과 입고량을 화면에 출력한다.
  }
  static void Main(string[] args)
  {
    ...
  }
 }
}
```

구매정보는 다음과 같은 구조를 가지고 저장된다. complete 을 입고여부를 저장하는 boolean 변수이며 최초 false로 저장되었다가 차후 구매품이 입고되면 true로 변경된다.

```
struct buyinfo
{
 public string company;  // 구매처
 public string item;  // 구매품목
 public int qty; // 구매량
 public bool complete;  // 입고여부
}
```

Main() 메소드는 다음과 같은 순서로 진행된다. 한달동안 일별 구매계획은 buydata에 배열로 저장된다.

```
static void Main(string[] args)
{
 buyinfo[] buydata = new buyinfo[31];
 while (true) // 무한반복하면서 메뉴입력을 받음
 {
  Console.WriteLine("# 1=구매계획입력,2=입고입력,3=품목별구매분석
           ,0=프로그램종료 #");
  Console.Write("원하는 작업을 입력하세요 ");
  int command = Int32.Parse(Console.ReadLine());
  if (command == 0) break;
  switch (command)
  {
   case 1:
   {
    BuySlip(buydata); // 1번을 선택한 경우 구매계획 입력
    Console.WriteLine();
    break;
   }
   case 2:
   {
    CompleteProcess(buydata); //2번을 선택한 경우 입고업무 진행
    Console.WriteLine();
    break;
   }
   case 3:
   {
    ItemBuySummary(buydata); //3번을 선택한 경우 계획과 입고량 정리
```

```
        Console.WriteLine();
        break;
      }
    }
  }
}
```

아래 내용은 최초 구매계획 2건을 입력하고, 삼성전자 구매 건에 대한 입고처리 예를 보여주고 있다.

```
file:///F:/c#project/vs2010/buy/bin/Debug/buy.EXE
# 1=구매계획입력,2=입고입력,3=품목별구매분석,0=프로그램종료 #
원하는 작업을 입력하세요 1
날짜를 입력하세요(1~31) 1
구매처를 입력하세요 삼성전자
구매품목을 입력하세요 CPU
구매량을 입력하세요 10

# 1=구매계획입력,2=입고입력,3=품목별구매분석,0=프로그램종료 #
원하는 작업을 입력하세요 1
날짜를 입력하세요(1~31) 3
구매처를 입력하세요 엘지전자
구매품목을 입력하세요 모니터
구매량을 입력하세요 56

# 1=구매계획입력,2=입고입력,3=품목별구매분석,0=프로그램종료 #
원하는 작업을 입력하세요 2
구매계획이 입력된 날짜는 1,3, 입니다.
입고된 구매건 날짜를 입력하세요(1~31) 1
```

아래 실행은 3번 메뉴을 선택하여 계획량과 입고량을 정리해서 출력한 화면이다.

```
# 1=구매계획입력,2=입고입력,3=품목별구매분석,0=프로그램종료 #
원하는 작업을 입력하세요 3
CPU 품목 구매계획량=10, 입고량=10
모니터 품목 구매계획량=56, 입고량=0

# 1=구매계획입력,2=입고입력,3=품목별구매분석,0=프로그램종료 #
원하는 작업을 입력하세요
```

일별 입고계획을 등록하는 메소드 BuySlip() 메소드는 다음과 같은 로직으로 실행된다.

```
static void BuySlip(buyinfo[] s)
{
 Console.Write("날짜를 입력하세요(1~31) ");
 int day = Int32.Parse(Console.ReadLine());
 if (0 < day && day < 32) // 날짜 오류 체크
 {
  Console.Write("구매처를 입력하세요 ");
  s[day - 1].company = Console.ReadLine();
  Console.Write("구매품목을 입력하세요 ");
  s[day - 1].item = Console.ReadLine();
  Console.Write("구매량을 입력하세요 ");
  s[day - 1].qty = Int32.Parse(Console.ReadLine());
  s[day - 1].complete = false;
 }
  else Console.WriteLine(" 잘못된 날짜입력입니다. ");
}
```

등록된 구매계획건이 실제 입고된 경우 CompleteProcess() 메소드에서 처리한다. 입고계획이 있는 날짜를 출력해주고 사용자가 특정 날짜를 입력하면 해당날짜의 입고계획데이터의 입고여부를 true로 바꾸어 준다.

```
static void CompleteProcess(buyinfo[] s)
{
 Console.Write("구매계획이 입력된 날짜는 ");
 for (int i = 0; i < 31; i++)
 {
  if (s[i].qty > 0 && s[i].complete == false)
    Console.Write("{0},",i+1); // 아직 입고되지 않은 계획건의 날짜를 출력
 }
 Console.WriteLine(" 입니다.");
 Console.Write("입고된 구매건 날짜를 입력하세요(1~31) ");
 int day = Int32.Parse(Console.ReadLine());
 if (0 < day && day < 32)
  s[day - 1].complete = true; // 입고건에 대한 입고여부를 true로 설정
 else
  Console.WriteLine(" 잘못된 날짜입력입니다. ");
}
```

한달동안 품목별 입고계획과 현재까지 입고량을 정리해서 보여주는 코드는 아래와 같다.

```
static void ItemBuySummary(buyinfo[] s)
{
 Hashtable itemPlan = new Hashtable(); // 품목별 구매 계획량을 저장한다.
 for (int i = 0; i < 31; i++)
 {
  string key = s[i].item;
  if (key == null) continue;
  if (itemPlan.ContainsKey(key)) // 품목이 있으면 기존수량에 추가한다.
  {
   int newQty=(int)itemPlan[key] + s[i].qty;
   itemPlan[key] = newQty;
  }
  else
  {
   itemPlan.Add(s[i].item, s[i].qty); // 품목이 없으면 구매계획수량 등록
  }
 }
 Hashtable itemComplete = new Hashtable(); // 품목별 입고량을 저장한다.
 for (int i = 0; i < 31; i++)
 {
  string key = s[i].item;
  if (key == null) continue;
  if (s[i].complete == false) continue;
  if (itemComplete.ContainsKey(key)) // 품목의 입고량이 있으면 수량 추가
  {
   int newQty = (int)itemComplete[key] + s[i].qty;
   itemComplete[key] = newQty;
  }
  else
  {
   itemComplete.Add(s[i].item, s[i].qty); //품목이 없으면 품목 입고량 등록
  }
 }
 foreach (DictionaryEntry cs in itemPlan)// 품목별 구매계획량을 꺼내서 반복
 {
  string item = (string)cs.Key; // cs의 Key값을 품목이름으로 가져옴
  int planQty = (int)cs.Value; // cs의 Value를 품목구매계획량으로 가져옴
  int completeQty = 0; // 입고량은 0으로 초기화
  if (itemComplete.ContainsKey(item))
   completeQty=(int)itemComplete[item]; // 입고량이 있으면 변경
  Console.WriteLine("{0} 품목 구매계획량={1}, 입고량={2}"
   , item, planQty, completeQty); // 품목별 계획량, 입고량을 출력한다.
 }
}
```

3.3 창고관리 프로그램

한달 동안 창고의 입고량과 출고량을 저장할 수 있는 배열을 정의하고, 반복적으로 입고 및 출고, 업무분석을 할 수 있도록 프로그램을 작성한다. 각 메뉴별 작업내용은 다음과 같다.

메뉴(번호)	설명
입고입력 (1)	날짜와 수량을 입력하면 입고량을 저장할 수 있다. Process() 메소드 사용
출고입력 (2)	날짜와 수량을 입력하면 출고량을 저장할 수 있다. Process() 메소드 사용
총입고량 분석 (3)	총입고량을 계산해서 보여준다. ShowSum() 메소드 사용
총출고량 분석 (4)	총출고량을 계산해서 보여준다. ShowSum() 메소드 사용
재고량 분석 (5)	현재 재고량을 계산해서 보여준다. 재고량은 (총입고량-총출고량)으로 계산한다. ShowCurrentStock() 메소드 사용
월 입출고현황 출력(6)	한달 동안 일별 출고량과 입고량을 보여준다. ShowMonthHistory() 메소드 사용
프로그램 종료 (0)	프로그램을 종료한다.

입고 입력과 출고 입력은 동일한 코드를 사용하므로 Process() 메소드를 같이 사용한다. 마찬가지로 총입고량 분석과 총출고량 분석도 동일한 총량분석을 하므로 ShowSum() 메소드를 같이 사용한다.

전체 코드 구조는 다음과 같다. LINQ(Language-Integrated Query) 기능을 활용하기 위해서 System.Linq 네임스페이스를 사용하였는데, 배열에서 Sum() 메소드를 사용하려면 필요하다.

```
using System;
using System.Collections.Generic;
using System.Linq;
namespace Inventory3
{
 class Program
 {
  static void Process(int[] x)
```

```
  {
    // 입고 혹은 출고 내용을 저장
  }
  static void ShowSum(int[] x)
  {
    // 배열 x의 합을 출력한다.
  }
  static void ShowCurrentStock(int[] input, int[] output)
  {
    // 총입고-총출고를 계산하여 현재고를 보여준다.
  }
  static void ShowMonthHistory(int[] input, int[] output)
  {
    // 한달동안 일별 입출고 내용을 출력한다.
  }
  static void Main(string[] args)
  {
    ...
  }
 }
}
```

Main() 메소드는 다음과 같은 순서로 진행된다. 한달동안 일별 입고량은 input 배열에 저장되고, 출고량은 output 배열에 저장된다.

```
static void Main(string[] args)
{
 int[] input = new int[31]; int[] output = new int[31];
 while (true)
 {
  Console.WriteLine("# 1=입고,2=출고,3=총입고량,4=총출고량 #");
  Console.WriteLine("# 5=재고량,6=월현황출력,0=프로그램종료 #");
  Console.Write("원하는 작업을 입력하세요 ");
  int command = Int32.Parse(Console.ReadLine());
  if (command == 0) break;
  switch (command)
  {
   case 1:
    Console.WriteLine("** 입고처리"); Process(input);
    break;
   case 2:
    Console.WriteLine("** 출고처리"); Process(output);
    break;
```

```
        case 3:
         Console.Write("** 총입고량은 "); ShowSum(input);
         break;
        case 4:
         Console.Write("** 총출고량은 "); ShowSum(output);
         break;
        case 5:
         ShowCurrentStock(input, output);
         break;
        case 6:
         ShowMonthHistory(input, output);
         break;
      }
    }
  }
```

아래 화면은 3건의 입출고를 입력한 실행화면이다.

```
file:///F:/c#project/vs2010/Inventory3/bin/Debug/Inventory3.EXE
# 1=입고,2=출고,3=총입고량,4=총출고량   #
# 5=재고량,6=월현황출력,0=프로그램종료 #
원하는 작업을 입력하세요 1
** 입고처리
날짜를 입력하세요(1~31) 1
수량을 입력하세요 30
# 1=입고,2=출고,3=총입고량,4=총출고량   #
# 5=재고량,6=월현황출력,0=프로그램종료 #
원하는 작업을 입력하세요 1
** 입고처리
날짜를 입력하세요(1~31) 2
수량을 입력하세요 60
# 1=입고,2=출고,3=총입고량,4=총출고량   #
# 5=재고량,6=월현황출력,0=프로그램종료 #
원하는 작업을 입력하세요 2
** 출고처리
날짜를 입력하세요(1~31) 5
수량을 입력하세요 10
# 1=입고,2=출고,3=총입고량,4=총출고량   #
# 5=재고량,6=월현황출력,0=프로그램종료 #
원하는 작업을 입력하세요
```

분석기능을 실행한 화면은 아래와 같다.

```
# 1=입고,2=출고,3=총입고량,4=총출고량  #
# 5=재고량,6=월현황출력,0=프로그램종료 #
원하는 작업을 입력하세요 5
** 현재 재고량은 80 입니다
# 1=입고,2=출고,3=총입고량,4=총출고량  #
# 5=재고량,6=월현황출력,0=프로그램종료 #
원하는 작업을 입력하세요 6
날짜:입고:출고
   1:  30:   0
   2:  60:   0
   3:   0:   0
   4:   0:   0
   5:   0:  10
   6:   0:   0
   7:   0:   0
   8:   0:   0
```

입출고를 저장하는 Process() 메소드는 다음과 같은 코드를 사용한다.

```
// 입고일 경우 x는 input 배열을 받고, 출고일 경우 x는 output 배열과 연결된다.
static void Process(int[] x)
{
 Console.Write("날짜를 입력하세요(1~31) ");
 int day = Int32.Parse(Console.ReadLine()); // 날짜를 입력받는다.
 if (0 < day && day < 32) // 날짜 오류 체크
 {
  Console.Write("수량을 입력하세요 ");
  int qty = Int32.Parse(Console.ReadLine());
  x[day - 1] += qty; // 일 번호위치 배열에 수량을 저장한다.
 }
 else Console.WriteLine(" 잘못된 날짜입력입니다. ");
}
```

입출고 총량을 보여주기 위한 ShowSum() 메소드는 배열객체의 Sum() 메소드를 활용하여 배열원소의 총합을 구한다.

```
static void ShowSum(int[] x)
{
 Console.WriteLine(" {0} 입니다", x.Sum());
}
```

ShowCurrentStock()메소드는 입고량-출고량을 계산하여 현재고를 보여주는 기능이다.

```
static void ShowCurrentStock(int[] input, int[] output)
{
 Console.WriteLine("** 현재 재고량은 {0} 입니다",
    input.Sum() - output.Sum());
}
```

ShowMonthHistory()메소드는 한달동안 일별 입고, 출고량을 출력한다.

```
static void ShowMonthHistory(int[] input, int[] output)
{
 int i;
 Console.WriteLine("날짜:입고:출고");
 for (i = 0; i < 31; i++)
  Console.WriteLine("{0,4:D}:{1,4:D}:{2,4:D}", i + 1, input[i], output[i]);
}
```

3.4 생산관리 프로그램

최초 생산계획을 입력하고 계획건에 대해서 생산완료를 저장하고, 실적분석을 할 수 있는 프로그램을 작성해 본다. 각 메뉴별 작업내용은 다음과 같다.

메뉴	설명
1 생산계획입력	날짜, 품목, 작업장, 생산량을 입력하면 생산계획을 저장할 수 있다. ProductionPlan() 메소드 사용

2 생산완료입력	날짜를 입력하면 해당날짜의 생산건이 완료된것으로 저장된다. CompleteProcess() 메소드 사용
3 품목별 생산실적분석	품목별 생산계획량, 완료량, 진척률을 보여준다. ProductionSummary() 메소드 사용
4 작업장별 생산실적분석	작업장별 생산계획량, 완료량, 진척률을 보여준다. ProductionSummary() 메소드 사용
0 프로그램 종료	프로그램을 종료한다.

전체 코드 구조는 다음과 같다.

```
using System;
using System.Collections;
namespace production
{
 struct productinfo
 {
  //생산관련 데이터를 저장한다.
 }
 class Program
 {
  static void ProductionPlan(productinfo[] p)
  {
   // 특정일에 생산계획건을 입력한다.
  }
  static void CompleteProcess(productinfo[] p)
  {
   // 특정 생산건을 선택하여 생산완료 된것을 저장한다.
  }
  static void ProductionSummary(productinfo[] p,int type)
  {
   // 생산계획량, 완료량, 진척률을 계산해서 보여준다.
  }
  static void Main(string[] args)
  {
   ...
  }
 }
}
```

일별 생산관련 데이터는 productinfo 구조체 형태로 배열 data에 저장된다.

```
struct productinfo
{
 public string item;// 생산품목
 public string workcenter;// 작업장
 public int qty;// 생산수량
 public bool complete;// 생산완료여부
}
```

Main() 메소드는 다음과 같은 순서로 진행된다.

```
static void Main(string[] args)
{
 productinfo[] data = new productinfo[31];
 while (true)
 {
  Console.WriteLine("# 1=생산계획입력,2=생산완료입력,
     3=품목별 생산실적분석,4=작업장별 생산실적분석,0=프로그램종료 #");
  Console.Write("원하는 작업을 입력하세요 ");
  int command = Int32.Parse(Console.ReadLine());
  if (command == 0) break;
  switch (command)
  {
   case 1:
   {
    ProductionPlan(data);
    Console.WriteLine();
    break;
   }
   case 2:
   {
    CompleteProcess(data);
    Console.WriteLine();
    break;
   }
   case 3:
   {
    ProductionSummary(data, command);// 3번인경우 품목별 정리
    Console.WriteLine();
    break;
   }
   case 4:
   {
    ProductionSummary(data, command);// 4번인경우 작업장별 정리
```

```
        Console.WriteLine();
        break;
      }
    }
  }
}
```

아래 표와 같은 생산계획과 완료데이터를 입력하고 품목별 생산실적분석과 작업장별 생산실적분석을 해보도록 하자.

날짜	품목	작업장	생산수량	생산완료여부
2	part1	wc1	10	0
4	part2	wc2	28	0
7	part3	wc1	10	1

생산계획과 완료 입력 실행화면은 다음과 같다.

```
file:///F:/c#project/vs2010/production/bin/Debug/production.EXE
# 1=생산계획입력,2=생산완료입력,3=품목별 생산실적분석,4=작업작별 생산실적분석,0=프로그램종료 #
원하는 작업을 입력하세요 1
날짜를 입력하세요(1~31) 2
생산품목을 입력하세요 part1
작업장을 입력하세요 wc1
생산량을 입력하세요 10

# 1=생산계획입력,2=생산완료입력,3=품목별 생산실적분석,4=작업작별 생산실적분석,0=프로그램종료 #
원하는 작업을 입력하세요 1
날짜를 입력하세요(1~31) 4
생산품목을 입력하세요 part2
작업장을 입력하세요 wc2
생산량을 입력하세요 28

# 1=생산계획입력,2=생산완료입력,3=품목별 생산실적분석,4=작업작별 생산실적분석,0=프로그램종료 #
원하는 작업을 입력하세요 1
날짜를 입력하세요(1~31) 7
생산품목을 입력하세요 part3
작업장을 입력하세요 wc1
생산량을 입력하세요 10

# 1=생산계획입력,2=생산완료입력,3=품목별 생산실적분석,4=작업작별 생산실적분석,0=프로그램종료 #
원하는 작업을 입력하세요 2
생산계획이 입력된 날짜는 2,4,7, 입니다.
생산완료된 생산계획건 날짜를 입력하세요(1~31) 7

# 1=생산계획입력,2=생산완료입력,3=품목별 생산실적분석,4=작업작별 생산실적분석,0=프로그램종료 #
원하는 작업을 입력하세요
```

생산실적분석 화면은 다음과 같다.

```
# 1=생산계획입력,2=생산완료입력,3=품목별 생산실적분석,4=작업작별 생산실적분석,0=프로그램종료 #
원하는 작업을 입력하세요 3
part2 품목 생산계획량=28, 완료량=0, 진척율=0.00%
part3 품목 생산계획량=10, 완료량=10, 진척율=100.00%
part1 품목 생산계획량=10, 완료량=0, 진척율=0.00%

# 1=생산계획입력,2=생산완료입력,3=품목별 생산실적분석,4=작업작별 생산실적분석,0=프로그램종료 #
원하는 작업을 입력하세요 4
wc1 작업장 생산계획량=20, 완료량=10, 진척율=50.00%
wc2 작업장 생산계획량=28, 완료량=0, 진척율=0.00%

# 1=생산계획입력,2=생산완료입력,3=품목별 생산실적분석,4=작업작별 생산실적분석,0=프로그램종료 #
원하는 작업을 입력하세요
```

생산계획을 입력하는 ProductionPlan() 메소드는 아래와 같은 코드를 사용한다. complete 데이터는 생산완료여부를 저장하는 변수인데 최초에는 false가 자동 입력된다.

```
static void ProductionPlan(productinfo[] p)
{
 Console.Write("날짜를 입력하세요(1~31) ");
 int day = Int32.Parse(Console.ReadLine());
 if (0 < day && day < 32)
 {
  Console.Write("생산품목을 입력하세요 ");
  p[day - 1].item = Console.ReadLine();
  Console.Write("작업장을 입력하세요 ");
  p[day - 1].workcenter = Console.ReadLine();
  Console.Write("생산량을 입력하세요 ");
  p[day - 1].qty = Int32.Parse(Console.ReadLine());
  p[day - 1].complete = false;
 }
  else Console.WriteLine(" 잘못된 날짜입력입니다. ");
}
```

생산완료를 저장하는 CompleteProcess() 메소드에서는 현재 계획건 날짜를 모두 보여주고, 사용자가 입력한 날짜의 생산계획 데이터의 complete 변수를 true로 만들어 준다.

```
static void CompleteProcess(productinfo[] p)
{
 Console.Write("생산계획이 입력된 날짜는 ");
 for (int i = 0; i < 31; i++)
```

```
 {
  if (p[i].qty > 0 && p[i].complete == false)
   Console.Write("{0},", i + 1);
 }
 Console.WriteLine(" 입니다.");
 Console.Write("생산완료된 생산계획건 날짜를 입력하세요(1~31) ");
 int day = Int32.Parse(Console.ReadLine());
 if (0 < day && day < 32)
  p[day - 1].complete = true;
 else
  Console.WriteLine(" 잘못된 날짜입력입니다. ");
}
```

생산실적분석용 메소드는 ProductionSummary() 이며 다음과 같은 로직을 사용한다.

```
static void ProductionSummary(productinfo[] p, int type)
{
 Hashtable plan = new Hashtable(); // 항목별 계획량을 저장
 for (int i = 0; i < 31; i++)
 {
  string key;
  if(type==3) key=p[i].item; // type이 3인 경우 품목(item)별 정리
  else key=p[i].workcenter; // type이 4인 경우 작업장(workcenter)별 정리
  if (key == null) continue;
  if (plan.ContainsKey(key))
   plan[key] = (int)plan[key] + p[i].qty; //기존값에 합산
  else
   plan.Add(key, p[i].qty); // 수량 등록
 }
 Hashtable complete = new Hashtable(); // 항목별 완료량을 저장
 for (int i = 0; i < 31; i++)
 {
  string key;
  if (type == 3) key = p[i].item;
  else key = p[i].workcenter;
  if (key == null) continue;
  if (p[i].complete == false) continue;
  if (complete.ContainsKey(key))
   complete[key] = (int)complete[key] + p[i].qty; // 기존값에 합산
  else
   complete.Add(key, p[i].qty); // 수량 등록
 }
 foreach (DictionaryEntry cs in plan)
```

```
  {
   string name = (string)cs.Key;
   int planQty = (int)cs.Value; // 계획량 가져오기
   int completeQty = 0;
   if (complete.ContainsKey(name))
    completeQty = (int)complete[name]; // 완료량이 있으면 가져오기
   double rate = completeQty*100.0/planQty; // 진척율 계산하기
   if(type==3)
    Console.WriteLine("{0} 품목 생산계획량={1},완료량={2},진척율={3,2:F}%"
     ,name, planQty, completeQty,rate);
   else
    Console.WriteLine("{0} 작업장 생산계획량={1},완료량={2},진척율={3,2:F}%"
     ,name, planQty, completeQty, rate);
  }
 }
```

3.5 인사급여관리 프로그램

직원에 대한 인사급여관리를 할 수 있는 프로그램을 작성해 본다. 인사관리정보는 이름, 직급, 근무부서, 근무년수, 초과업무시간, 월급여액 이다. 출력기능은 각 직원의 월급여액을 출력하도록 하고 분석기능에서는 부서별 직원의 총급여액을 합산하여 보여주는 기능을 개발한다. 전체 프로그램 구조는 다음과 같다.

```
using System;
using System.Collections;
namespace salary
{
 struct worker
 {
  //인사관리정보.
 }
 class Program
 {
  static void AddWorker(worker[] w)
  {
   // 사원을 등록한다.
  }
  static void ChangePos(worker[] w)
  {
```

```
    // 사원 직급을 수정한다.
  }
  static void ChangeDepart(worker[] w)
  {
    // 사원 근무부서를 수정한다.
  }
  static void ChangeWorkyear(worker[] w)
  {
    // 사원 근무년수를 수정한다.
  }
  static void ChangeOvertime(worker[] w)
  {
    // 사원 초과근무시간을 수정한다.
  }
  static void PrintPaymentList(worker[] w)
  {
    // 직원 급여명세서를 출력한다.
  }
  static void PrintDepartPayment(worker[] w)
  {
    // 부서별 총급여액을 출력한다.
  }
  static void Main(string[] args)
  {
    ...
  }
 }
}
```

인사관리정보는 아래와 같은 구조체로 정의된다.

```
struct worker
{
 public string name;  // 이름
 public string pos;  // 직급: 부장, 차장, 과장, 대리, 사원
 public string depart; // 근무부서: 영업부, 구매부, 물류부, 생산부, 총무부
 public int workyear;  // 근무년수
 public int overtime; // 초과근무시간
 public int totalpay; // 이번달 지급할 급여액
}
```

Main() 메소드는 다음과 같은 순서로 진행된다.

```
static void Main(string[] args)
{
 worker[] data = new worker[30];
 while (true)
 {
  Console.WriteLine("# 1=신규등록,2=직급수정,3=부서수정
          ,4=근무년수수정,5=초과근무수정");
  Console.WriteLine("# 6=급여명세서출력,7=부서별급여총액분석,0=종료 ");
  Console.Write("# 원하는 작업을 입력하세요 -->");
  int command = Int32.Parse(Console.ReadLine());
  if (command == 0) break;
  Console.WriteLine();
  switch (command)
  {
   case 1:
   {
    AddWorker(data);
    Console.WriteLine();
    break;
   }
   case 2:
   {
    ChangePos(data);
    Console.WriteLine();
    break;
   }
   case 3:
   {
    ChangeDepart(data);
    Console.WriteLine();
    break;
   }
   case 4:
   {
    ChangeWorkyear(data);
    Console.WriteLine();
    break;
   }
   case 5:
   {
    ChangeOvertime(data);
    Console.WriteLine();
    break;
   }
   case 6:
   {
    PrintPaymentList(data);
```

```
      Console.WriteLine();
      break;
    }
    case 7:
    {
      PrintDepartPayment(data);
      Console.WriteLine();
      break;
    }
   }
  }
}
```

아래와 같은 직원정보를 입력하고 급여명세서를 출력해보도록 한다.

사번	이름	직급	근무부서	근무년수	초과근무시간
1	홍길동	부장	영업부	25	4
2	백두산	과장	생산부	14	24
3	전우치	대리	구매부	4	12

신규 입력 실행결과는 다음과 같다.

```
file:///F:/c#project/vs2010/salary/bin/Debug/salary.EXE
# 1=신규등록,2=직급수정,3=부서수정,4=근무년수수정,5=초과근무수정
# 6=급여명세서출력,7=부서별급여총액분석, 8=직급별급여총액분석
# 9=부서별총직원수,10=직급별총직원수
# 11=부서별초과시간분석,12=총초과근무분석,0=종료
# 원하는 작업을 입력하세요 -->1

사원번호를 입력하세요(1~30) 1
이름을 입력하세요 홍길동
직급을 입력하세요(부장, 차장, 과장, 대리, 사원) 부장
근무부서를 입력하세요(영업부, 구매부, 물류부, 생산부, 총무부) 영업부
근무년수를 입력하세요 25
초과근무시간을 입력하세요 4

# 1=신규등록,2=직급수정,3=부서수정,4=근무년수수정,5=초과근무수정
# 6=급여명세서출력,7=부서별급여총액분석, 8=직급별급여총액분석
# 9=부서별총직원수,10=직급별총직원수
# 11=부서별초과시간분석,12=총초과근무분석,0=종료
# 원하는 작업을 입력하세요 -->1

사원번호를 입력하세요(1~30) 2
이름을 입력하세요 백두산
직급을 입력하세요(부장, 차장, 과장, 대리, 사원) 과장
근무부서를 입력하세요(영업부, 구매부, 물류부, 생산부, 총무부) 생산부
근무년수를 입력하세요 14
초과근무시간을 입력하세요 24

# 1=신규등록,2=직급수정,3=부서수정,4=근무년수수정,5=초과근무수정
# 6=급여명세서출력,7=부서별급여총액분석, 8=직급별급여총액분석
# 9=부서별총직원수,10=직급별총직원수
# 11=부서별초과시간분석,12=총초과근무분석,0=종료
# 원하는 작업을 입력하세요 -->1

사원번호를 입력하세요(1~30) 3
이름을 입력하세요 전우치
직급을 입력하세요(부장, 차장, 과장, 대리, 사원) 대리
근무부서를 입력하세요(영업부, 구매부, 물류부, 생산부, 총무부) 구매부
근무년수를 입력하세요 4
초과근무시간을 입력하세요 12
```

급여명세서 출력 결과는 다음과 같다.

```
# 1=신규등록,2=직급수정,3=부서수정,4=근무년수수정,5=초과근무수정
# 6=급여명세서출력,7=부서별급여총액분석, 8=직급별급여총액분석
# 9=부서별총직원수,10=직급별총직원수
# 11=부서별초과시간분석,12=총초과근무분석,0=종료
# 원하는 작업을 입력하세요 -->6

1 : 홍길동 : 부장 : 영업부 : 341만원
2 : 백두산 : 과장 : 생산부 : 298만원
3 : 전우치 : 대리 : 구매부 : 206만원
```

새로운 직원이 입사하는 경우 직원을 등록하기 위해서 AddWorker() 메소들 실행하게 된다. 근무년수와 초과근무시간은 숫지로 등록되어야 하기 때문에 문자를 숫자로 변환하는 Int32.Parse() 함수를 사용하였다.

```
static void AddWorker(worker[] w)
{
 Console.Write("사원번호를 입력하세요(1~30) ");//사원번호는 1번~30번으로 정의
 int n = Int32.Parse(Console.ReadLine());
 if (0 < n && n < 31)
 {
  Console.Write("이름을 입력하세요 ");
  w[n - 1].name = Console.ReadLine();
  Console.Write("직급을 입력하세요(부장, 차장, 과장, 대리, 사원) ");
  w[n - 1].pos = Console.ReadLine();
  Console.Write("근무부서를 입력하세요(영업부,구매부,물류부,생산부,총무부) ");
  w[n - 1].depart = Console.ReadLine();
  Console.Write("근무년수를 입력하세요 ");
  w[n - 1].workyear = Int32.Parse(Console.ReadLine());
  Console.Write("초과근무시간을 입력하세요 ");
  w[n - 1].overtime = Int32.Parse(Console.ReadLine());
 }
 else
 {
  Console.WriteLine(" 사원번호는 1~30번을 사용하세요. ");
 }
}
```

필요에 따라 직원이 승진한 경우 직급을 수정하기 위해서 ChangePos() 메소드를 호출한다.

```
static void ChangePos(worker[] w)
{
 Console.WriteLine("현재사원 직급 ");
 for (int i = 0; i < 30; i++)
 {
  if (w[i].name!=null) // 기존 사원번호와 직급을 보여준다.
   Console.WriteLine("{0}:{1}:{2}", i + 1,w[i].name,w[i].pos);
 }
 Console.Write("직급을 수정할 사원번호를 입력하세요.(1~30) ");
 int n = Int32.Parse(Console.ReadLine());
 if (0 < n && n < 31) // 사원번호 오류 체크
 {
  Console.Write("새로운 직급을 입력하세요 ");
  string newpos=Console.ReadLine();
  w[n-1].pos = newpos; //지정한 사원의 직급을 변경한다.
 }
 else
 {
  Console.WriteLine(" 사원번호는 1~30번을 사용하세요. ");
 }
}
```

직원의 소속부서가 변경된 경우 ChangeDepart() 메소드를 호출한다. 코드는 ChangePos() 와 유사하다.

```
static void ChangeDepart(worker[] w)
{
 Console.WriteLine("현재사원 근무부서 ");
 for (int i = 0; i < 30; i++)
 {
  if (w[i].name != null)
   Console.WriteLine("{0}:{1}:{2}", i + 1, w[i].name, w[i].depart);
 }
 Console.Write("수정할 사원번호를 입력하세요.(1~30) ");
 int n = Int32.Parse(Console.ReadLine());
 if (0 < n && n < 31)
 {
  Console.Write("새로운 부서를 입력하세요 ");
```

```
  string newdepart = Console.ReadLine();
  w[n - 1].depart = newdepart; //선택된 사원 부서 변경
 }
 else
 {
  Console.WriteLine(" 사원번호는 1~30번을 사용하세요. ");
 }
}
```

급여계산에 필요한 근무년수를 변경하기 위해서는 ChangeWorkyear()메소드를 사용한다.

```
static void ChangeWorkyear(worker[] w)
{
 Console.WriteLine("현재사원 근무년수 ");
 for (int i = 0; i < 30; i++)
 {
  if (w[i].name != null)
   Console.WriteLine("{0}:{1}:{2}", i + 1, w[i].name, w[i].workyear);
 }
 Console.Write("수정할 사원번호를 입력하세요.(1~30) ");
 int n = Int32.Parse(Console.ReadLine());
 if (0 < n && n < 31)
 {
  Console.Write("새로운 근무년수를 입력하세요 ");
  int newworkyear = Int32.Parse(Console.ReadLine());
  w[n - 1].workyear = newworkyear; //선택된 사원 근무년수 변경
 }
 else
 {
  Console.WriteLine(" 사원번호는 1~30번을 사용하세요. ");
 }
}
```

매월 말일에 급여계산을 위해서 각 직원의 초과근무 시간을 입력하는 업무절차가 필요하다. ChangeOvertime() 메소드를 사용한다. 코드는 ChangeWorkyear() 코드와 유사하다.

```
static void ChangeOvertime(worker[] w)
{
 Console.WriteLine("현재사원 초과근무 ");
 for (int i = 0; i < 30; i++)
 {
  if (w[i].name != null)
   Console.WriteLine("{0}:{1}:{2}", i + 1, w[i].name, w[i].overtime);
 }
 Console.Write("수정할 사원번호를 입력하세요.(1~30) ");
 int n = Int32.Parse(Console.ReadLine());
 if (0 < n && n < 31)
 {
  Console.Write("새로운 초과근무시간을 입력하세요 ");
  int newovertime = Int32.Parse(Console.ReadLine());
  w[n - 1].overtime = newovertime;
 }
 else
 {
  Console.WriteLine(" 사원번호는 1~30번을 사용하세요. ");
 }
}
```

매월 말일에 급여업무를 위하여 모든 직원의 급여명세서를 출력해야 한다. 급여계산로직은 아래와 같이 계산하는 것으로 가정했다. 메소드는 PrintPaymentList() 를 사용한다.

```
부장: 200 + 근무년수*5 + 초과근무시간*4;
차장: 180 + 근무년수*4 + 초과근무시간*4;
과장: 160 + 근무년수*3 + 초과근무시간*4;
대리: 150 + 근무년수*2 + 초과근무시간*4;
사원: 130 + 근무년수*1 + 초과근무시간*4;
```

출력형식은 아래형식을 사용한다.

- [사원번호 : 이름 : 직급 : 근무부서 : 월급여액]

```
static void PrintPaymentList(worker[] w)
{
 for (int i = 0; i < 30; i++)
 {
  if (w[i].name != null)
  {
   w[i].totalpay = 0;
   if (w[i].pos == "부장")
    w[i].totalpay = 200 + w[i].workyear * 5 + w[i].overtime * 4;
   else if (w[i].pos == "차장")
    w[i].totalpay = 180 + w[i].workyear * 4 + w[i].overtime * 4;
   else if (w[i].pos == "과장")
    w[i].totalpay = 160 + w[i].workyear * 3 + w[i].overtime * 4;
   else if (w[i].pos == "대리")
    w[i].totalpay = 150 + w[i].workyear * 2 + w[i].overtime * 4;
   else
    w[i].totalpay = 130 + w[i].workyear * 1 + w[i].overtime * 4;

   Console.WriteLine("{0} : {1} : {2} : {3} : {4}만원"
    , i+1, w[i].name, w[i].pos, w[i].depart, w[i].totalpay);
  }
 }
}
```

각 부서별 총인건비를 분석해 보기 위해서 아래 코드에서 직원의 급여를 부서별로 정리해 본다. Hashtable을 이용하였다.

```
static void PrintDepartPayment(worker[] w)
{
 Hashtable summary = new Hashtable();
 for (int i = 0; i < 30; i++)
 {
  if (w[i].name != null)
  {
   string key=w[i].depart;
   if (summary.ContainsKey(key))
    summary[key] = (int)summary[key] + w[i].totalpay;
   else
    summary.Add(key, w[i].totalpay);
  }
 }
 foreach (DictionaryEntry cs in summary)
 {
```

```
   string depart = (string)cs.Key;
   int totalpayment = (int)cs.Value;
   Console.WriteLine("{0} 부서 총급여액={1}", depart , totalpayment);
  }
 }
```

3.6 회계관리 프로그램

기업에서는 돈을 자산, 부채, 자본, 수익, 비용으로 분석하여 관리한다. 계정 종류는 아래와 같다.

분류	계정
자산	현금, 매출채권, 미수금, 건물, 기계장치
부채	매입채무, 차입금, 미지급금
자본	자본금, 자본잉여금, 이익잉여금
수익	매출액, 건물임대료, 이자수익
비용	매출원가, 임차료, 급여, 광고선전비

기업에서는 기업의 활동을 계정의 변화로 기록하는데 이를 전표등록이라고 한다. 본 실습에서는 단순하게 일별 계정 변동을 저장하는 기능을 개발해보도록 한다. 또한 회계분석기능으로 재무상태표와 손익계산서를 사용한다. 재무상태표는 기업의 자산, 부채, 자본의 현재상태를 정리해서 보여주는 기능이며, 손익계산서는 특정 기간동안의 수익과 비용의 발생을 정리하는 분석표다. 본 실습에서는 저장되어 있는 데이터를 계정별로 정리하여 출력해주는 기능을 개발해 본다. 전체코드 구조는 다음과 같다.

```
using System;
using System.Collections;
namespace Account
{
 struct slip {} // 계정정보
 class Program
```

```
{
 // 계정금액 변동 등록 메소드
 static void AddSlip(slip[] s) { }

 // 계정별로 정리하여 Hashtable을 만들어 준다.
 static Hashtable AccountSummary(slip[] s, int type) { }

 // 계정유형별로 정리하여 출력한다.
 static void PrintAccountSummary(slip[] s, int type,string typename) { }

 // 재무상태표를 출력한다.
 static void StatementFinancialPosition(slip[] s) { }

 // 손익계산서를 출력한다.
 static void StatementComprehensiveIncome(slip[] s) { }

 // 메뉴를 입력받아서 필요한 메소드를 호출하는 메인메소드 정의
 static void Main(string[] args)
 {
  slip[] data = new slip[31];
  while (true)
  {
   ...
  }
 }
 }
}
```

계정정보는 다음과 같은 구조체를 사용한다.

```
struct slip
{
 public int type; //자산(1), 부채(2), 자본(3), 수익(4), 비용(5)
 public string account;
 public int amount;
}
```

Main() 메소드에서는 사용자의 메뉴 선택에 따라 전표등록, 재무상태표, 손익계산서를 출력한다.

```
static void Main(string[] args)
{
 slip[] data = new slip[31];
 while (true)
 {
  Console.WriteLine();
  Console.WriteLine("# 1=전표등록,2=재무상태표, 3=손익계산서,0=종료 ");
  Console.Write("# 원하는 작업을 입력하세요 -->");
  int command = Int32.Parse(Console.ReadLine());
  if (command == 0) break;
  Console.WriteLine();
  switch (command)
  {
   case 1:
   {
    AddSlip(data); // 전표등록 실행
    break;
   }
   case 2:
   {
    Console.WriteLine("#### 재무상태표 ####");
    StatementFinancialPosition(data); // 재무상태표 출력
    break;
   }
   case 3:
   {
    Console.WriteLine("#### 손익계산서 ####");
    StatementComprehensiveIncome(data); // 손익계산서 출력
    break;
   }
  }
 }
}
```

아래 표를 참고하여 기업의 계정변화를 입력하고 분석화면을 출력해보록 해보자.

날짜	계정유형	계정	금액
1일	자산	현금	10000
2일	수익	매출액	40000
4일	비용	매출원가	5000
9일	부채	매입채무	20000

전표입력 실행모습은 다음과 같다.

```
file:///F:/c#project/vs2010/Account/bin/Debug/Account.EXE

# 1=전표등록,2=재무상태표, 3=손익계산서,0=종료
# 원하는 작업을 입력하세요 -->1

날짜를 입력하세요(1~31) > 1
계정유형을 입력하세요 자산=1, 부채=2, 자본=3, 수익=4,비용=5  > 1
계정을 입력하세요  현금=1,매출채권=2,미수금=3,건물=4,기계장치=5, > 1
금액을 입력하세요 > 10000

# 1=전표등록,2=재무상태표, 3=손익계산서,0=종료
# 원하는 작업을 입력하세요 -->1

날짜를 입력하세요(1~31) > 2
계정유형을 입력하세요 자산=1, 부채=2, 자본=3, 수익=4,비용=5  > 4
계정을 입력하세요  매출액=1,건물임대료=2,이자수익=3, > 1
금액을 입력하세요 > 40000

# 1=전표등록,2=재무상태표, 3=손익계산서,0=종료
# 원하는 작업을 입력하세요 -->1

날짜를 입력하세요(1~31) > 4
계정유형을 입력하세요 자산=1, 부채=2, 자본=3, 수익=4,비용=5  > 5
계정을 입력하세요  매출원가=1,임차료=2,급여=3,광고선전비=4, > 1
금액을 입력하세요 > 5000

# 1=전표등록,2=재무상태표, 3=손익계산서,0=종료
# 원하는 작업을 입력하세요 -->1

날짜를 입력하세요(1~31) > 9
계정유형을 입력하세요 자산=1, 부채=2, 자본=3, 수익=4,비용=5  > 2
계정을 입력하세요  매입채무=1,차입금=2,미지급금=3, > 1
금액을 입력하세요 > 20000
```

재무상태표와 손익계산서 출력화면은 다음과 같다.

```
# 1=전표등록,2=재무상태표, 3=손익계산서,0=종료
# 원하는 작업을 입력하세요 -->2

#### 재무상태표 ####
현금=10000
** 자산 종합=10000
매입채무=20000
** 부채 종합=20000
**  자본 종합=0

# 1=전표등록,2=재무상태표, 3=손익계산서,0=종료
# 원하는 작업을 입력하세요 -->3

#### 손익계산서 ####
매출액=40000
** 수익 종합=40000
매출원가=5000
** 비용 종합=5000
```

전표등록 메소드에서는 사전에 등록된 계정유형 및 계정을 선택하도록 하였다. 금액은 구조체의 amount 변수에 저장된다.

```
static void AddSlip(slip[] s)
{
 string[] names1 = { "현금", "매출채권", "미수금", "건물", "기계장치" }; // 자산
 string[] names2 = { "매입채무", "차입금", "미지급금" };// 부채
 string[] names3 = { "자본금", "자본잉여금", "이익잉여금" };// 자본
 string[] names4 = { "매출액", "건물임대료", "이자수익" };// 수익
 string[] names5 = { "매출원가", "임차료", "급여","광고선전비" };// 비용
 Console.Write("날짜를 입력하세요(1~31) > ");
 int n = Int32.Parse(Console.ReadLine());
 Console.Write("계정유형을 입력하세요 자산=1,부채=2,자본=3,수익=4,비용=5> ");
 s[n].type = Int32.Parse(Console.ReadLine());
 switch (s[n].type)
 {
  case 1:
  {
   Console.Write("계정을 입력하세요 ");
   for (int i = 0; i < names1.Length; i++)
    Console.Write("{0}={1},", names1[i], i + 1);
   Console.Write(" > ");
   int id = Int32.Parse(Console.ReadLine());
```

```
    s[n].account = names1[id - 1];
    break;
  }
  case 2:
  {
    Console.Write("계정을 입력하세요 ");
    for (int i = 0; i < names2.Length; i++)
      Console.Write("{0}={1},", names2[i], i + 1);
    Console.Write(" > ");
    int id = Int32.Parse(Console.ReadLine());
    s[n].account = names2[id - 1];
    break;
  }
  case 3:
  {
    Console.Write("계정을 입력하세요 ");
    for (int i = 0; i < names3.Length; i++)
      Console.Write("{0}={1},", names3[i], i + 1);
    Console.Write(" > ");
    int id = Int32.Parse(Console.ReadLine());
    s[n].account = names3[id - 1];
    break;
  }
  case 4:
  {
    Console.Write("계정을 입력하세요 ");
    for (int i = 0; i < names4.Length; i++)
      Console.Write("{0}={1},", names4[i], i + 1);
    Console.Write(" > ");
    int id = Int32.Parse(Console.ReadLine());
    s[n].account = names4[id - 1];
    break;
  }
  case 5:
  {
    Console.Write("계정을 입력하세요 ");
    for (int i = 0; i < names5.Length; i++)
      Console.Write("{0}={1},", names5[i], i + 1);
    Console.Write(" > ");
    int id = Int32.Parse(Console.ReadLine());
    s[n].account = names5[id - 1];
    break;
  }
}
Console.Write("금액을 입력하세요 > ");
s[n].amount = Int32.Parse(Console.ReadLine());
}
```

AccountSummary() 메소드는 분석기능에서 공통으로 필요한 함수이다. 데이터를 계정별로 정리해서 Hashtable 을 만들어 준다. 모든 계정을 정리하는 것이 아니라 입력된 계정유형에 해당되는 계정만 정리한다. type은 계정유형을 받아오는 인자이다.

```
static Hashtable AccountSummary(slip[] s, int type)
{
 Hashtable summary = new Hashtable();
 for (int i = 0; i < 31; i++)
 {
  if (s[i].account != null && s[i].type == type)
  {
   string key = s[i].account;
   if (summary.ContainsKey(key))
    summary[key] = (int)summary[key] + s[i].amount;
   else
    summary.Add(key, s[i].amount);
  }
 }
 return summary;
}
```

PrintAccountSummary() 는 재무상태표와 손익계산서에서 공통으로 필요한 함수이다. 계정별로 정리된 금액을 출력하고 총합을 계산해서 출력해준다.

```
static void PrintAccountSummary(slip[] s, int type, string typename)
{
 Hashtable summary = AccountSummary(s, type); // 계정별로 정리한다.
 int sum = 0;
 foreach (DictionaryEntry cs in summary)
 {
  string account = (string)cs.Key;
  int total = (int)cs.Value;
  Console.WriteLine("{0}={1}", account, total); //계정이름과 금액 출력
  sum = sum + total;
 }
 Console.WriteLine("** {0} 총합={1}", typename,sum); // 전체합을 출력
}
```

재무상태표는 자산, 부채, 자본을 정리한 표이다.

아래와 같은 StatementFinancialPosition() 메소드를 사용한다.

```
static void StatementFinancialPosition(slip[] s)
{
 PrintAccountSummary(s, 1,"자산");
 PrintAccountSummary(s, 2,"부채");
 PrintAccountSummary(s, 3,"자본");
}
```

순익계산서는 수익과 비용을 정리한 표이다.

아래와 같은 StatementComprehensiveIncome() 메소드를 사용한다.

```
static void StatementComprehensiveIncome(slip[] s)
{
 PrintAccountSummary(s, 4,"수익");
 PrintAccountSummary(s, 5,"비용");
}
```

Chapter 4

윈도우(GUI) 프로그래밍

4.1 윈도우 프로그래밍 개요

일반적인 컴퓨터프로그램에서 컴퓨터와 사람의 기본 통신방식은 키보드와 화면출력을 사용한다. 하지만 우리가 사용하는 컴퓨터는 대부분 다양한 윈도우 개체를 마우스로 조작하면서 컴퓨터와 대화하게 된다. 이러한 방식을 GUI(Graphical User Interface)라고 하는데 직관적이고 쉽기 때문에 많은 컴퓨터 기기는 이러한 방식을 사용하고 있다. 윈도우 개체는 사용자로 부터 특정 데이터를 입력 받을 수도 있고 특정 데이터를 출력하는 용도로 사용될 수 있다. C#에서 윈도우 개체를 사용하여 컴퓨터 프로그램을 만들기 위해서는 개체에 속성을 넣어주고 이벤트 핸들러(Event Handler)를 작성해야 한다.

윈도우 개체의 속성은 개체의 외형적인 모습, 동작특성 등을 설정하는 값이다. 각 개체는 고유한 이름(Name) 속성을 가지고 있다. 최초 생성할때는 기본이름이 지정된다. 또한 개체가 표시해줄 텍스트값을 Text 속성값에 넣어서 사용한다. 아래 그림은 Label 윈도우 개체에 Name속성에 "TestLabel", Text속성에 "Hellow World"를 설정한 예이다.

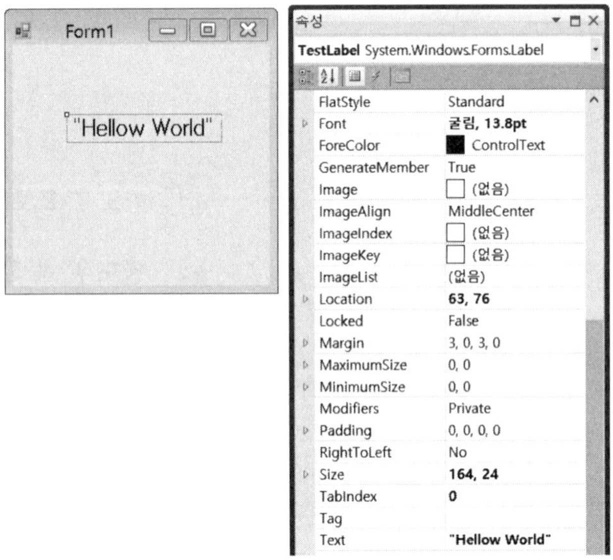

이벤트는 마우스 클릭 혹은 키보드 입력 등의 사용자 입력을 의미한다. 이러한 이벤트는 특정 윈도우 개체와 관련이 있고 이벤트에 반응하는 동작을 구현하려면 해당 윈도우 개체의 이벤트 핸들러를 작성해야 한다. 아래 그림처럼 하나의 윈도우에 두개의 버튼이 존재하고 사용자가 1번을 클릭하면 "1번 클릭" 메세지가 보이고 2번을 클릭하면 "2번 클릭" 메세지가 출력되도록 하려면 그림처럼 각 버튼에 이벤트핸들러를 작성해주어야 한다.

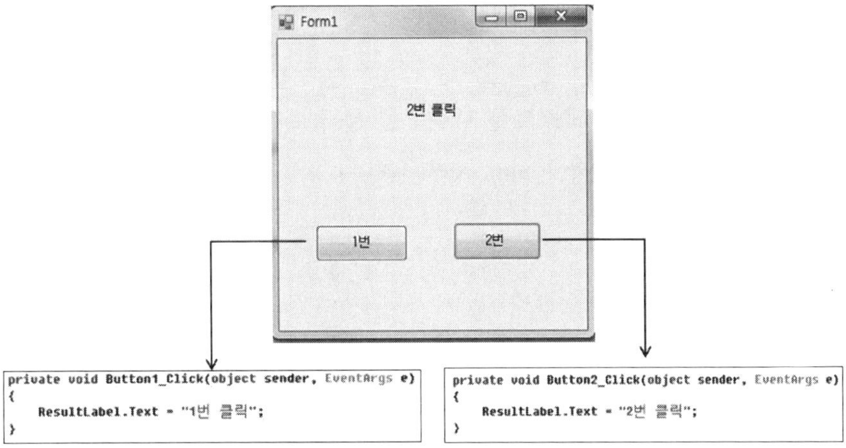

4.2 윈도우 개체별 특성

아래 그림처럼 C# 개발환경에서 왼쪽 도구상자에서 선택하여 사용할 수 있다. 대표적으로 많이 사용되는 도구들을 소개한다.

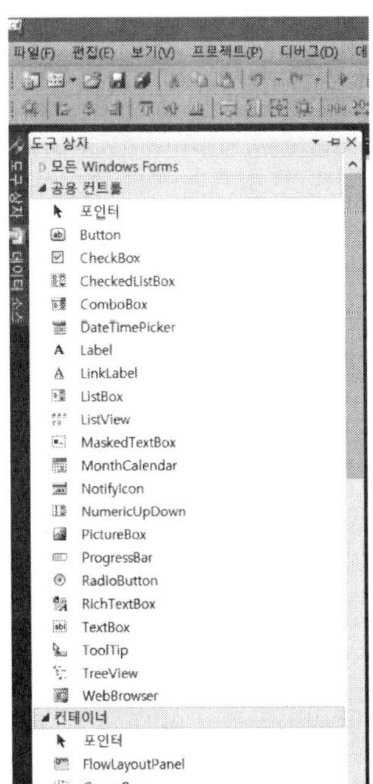

1) 라벨(Label)

라벨개체는 아래 그림처럼 텍스트를 보여주는 용도로 사용된다. 사용자입력을 받을 수 없다. 일반적으로 사용되는 속성은 Name, Font, Text 속성이다.

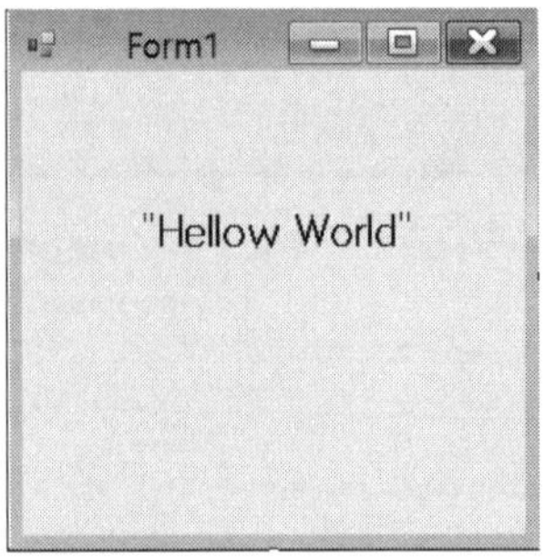

2) 버튼(Button)

버튼개체는 사용자의 클릭 행위에 반응하는 로직을 표현할 수 있는 개체이다. 윈도우에서 많이 사용하는 개체이다. 아래 그림처럼 일반적으로 Name을 지정하고 버튼에 보이는 문자를 보여주기 위한 Text 속성을 사용한다.

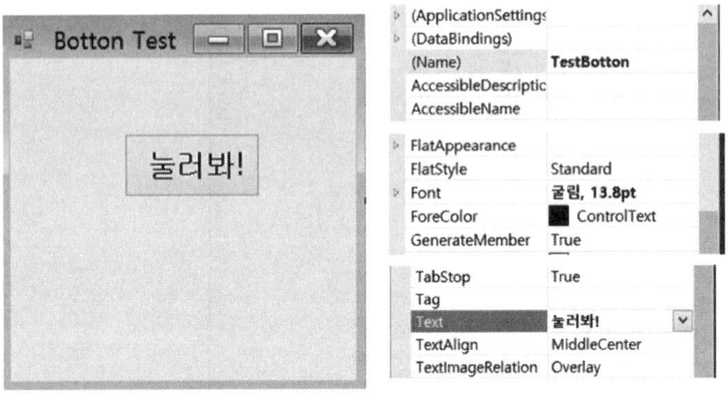

버튼개체는 이벤트핸들러를 통해 원하는 동작을 할 수 있다. 이벤트핸들러는 두개의 코드(선언부와 동작 메소드)로 나누어 지는데, 아래 코드는 선언부이다.

코드	`this.TestBotton.Click+= new System.EventHandler(this.TestBotton_Click);`
설명	TestBotton 개체의 Click 이벤트가 발생하면 TextBotton_Click 메소드를 실행하는 규칙을 등록하는 코드이다. TextBotton_Click 메소드는 동일한 프로젝트폴더의 특정 파일에 등록되어 있어야 한다.

아래 코드는 동작메소드의 몸체를 설계한 코드이다.

코드

```
private void TestBotton_Click(object sender, EventArgs e)
{
 // 이곳에 필요한 동작코드를 입력한다.
}
```

설명: TestBotton 이 클릭되면 실행할 내용을 등록하는 코드이다.

3) 텍스트박스(TextBox)

텍스트박스는 입력을 받기 위한 개체로 대부분의 윈도우 프로그램에서 문자 혹은 숫자 데이터를 입력 받을 때 사용된다. 아래 그림처럼 일반적으로 Name을 지정하고 텍스트박스에 있는 내용을 가져오기 위해서 Text 속성을 사용한다.

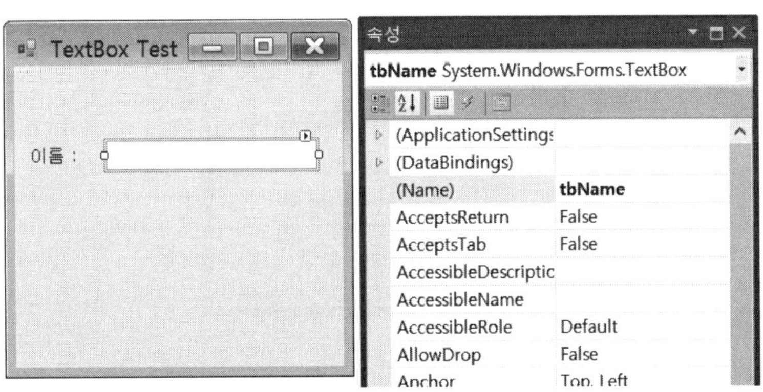


```
string name=tbName.text;
```

4) 리스트박스(ListBox)

다수의 항목을 등록해두고 사용자가 특정 항목을 선택할 수 있는 개체이다. 항목을 등록하기 위해서는 Items 속성에서 줄단위로 입력한다.

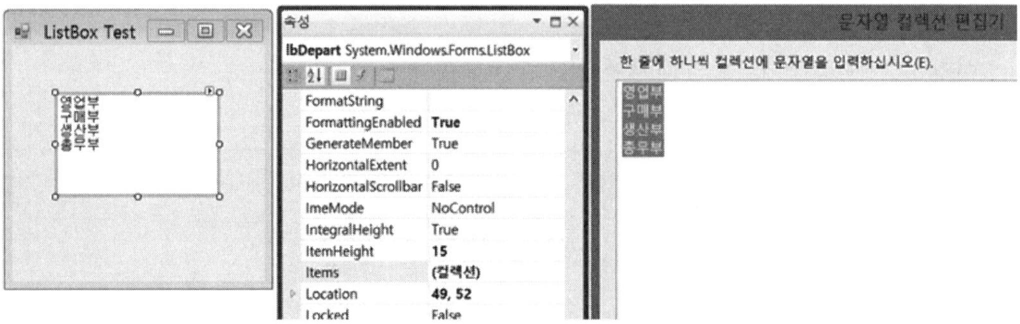

5) 콤보박스(ComboBox)

다수의 항목을 등록해두고 사용자가 특정 항목을 선택할 수 있는 개체이다. 항목을 등록하기 위해서는 Items 속성에서 줄단위로 입력한다. 리스트박스와는 다르게 평상시에는 리스트가 보이지 않고 선택을 하면 아래로 리스트가 보인다.

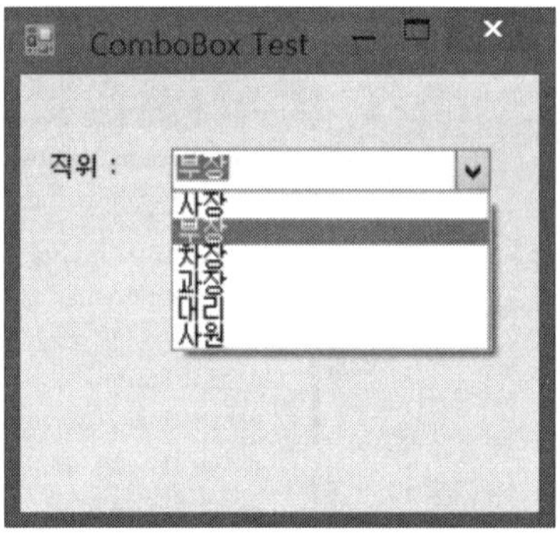

6) 라디오버튼(RadioButton), 체크박스(CheckBox)

선택입력을 받을 때 사용하는 개체이다. 라디오버튼은 같은 그룹안에서 한개만 선택되는 특징을 가지고 있다. 코드에서 개체의 상태(true or false)를 가져오려면 Checked 속성을 읽어 오면 된다.

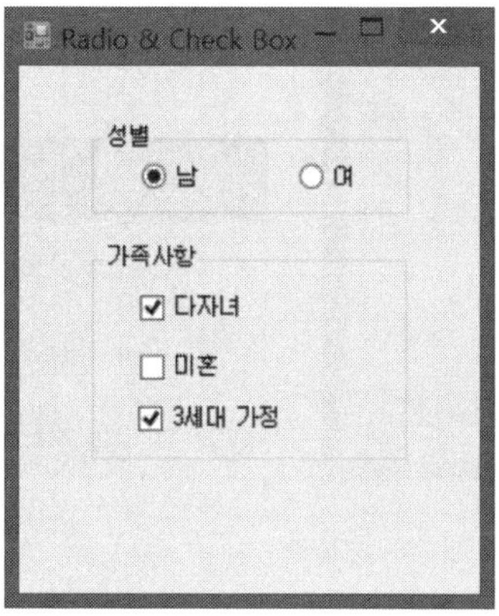

7) 날짜가져오기(DateTimePicker)

특정 날짜를 입력 받을 때 사용하는 개체이다. 개체를 클릭하면 아래 그림처럼 캘린더 화면에 뜨고 날짜를 쉽게 지정할 수 있다. 날짜를 문자로 가져오려면 개체의 Text 속성을 사용하면 된다.

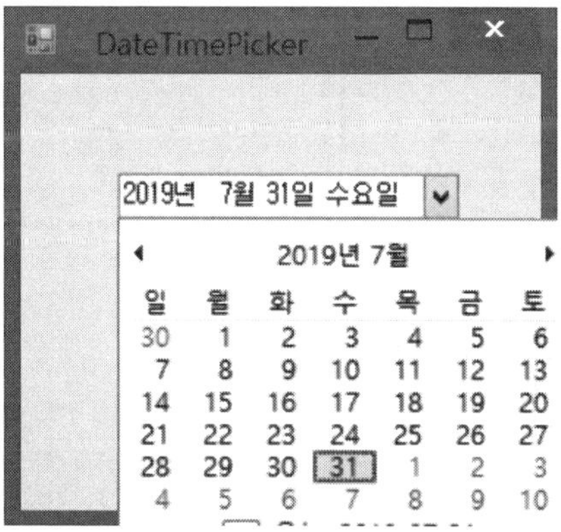

8) 리스트뷰(ListView)

아래와 같은 테이블 형태의 데이터를 행과 열로 표현할 때 사용하는 개체이다. 기본적으로 ListView의 세가지 속성을 아래와 같이 설정해야 한다.

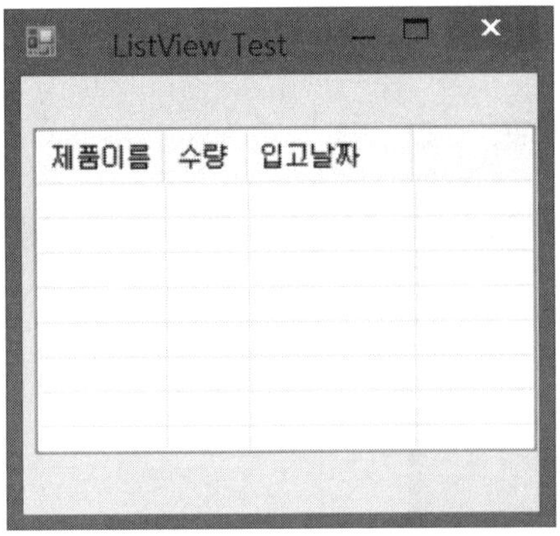

속성 이름	값
FullRowSelect	true
GridLine	true
View	Details

리스트뷰의 열 등록은 아래 그림처럼 Columns 속성을 클릭하고, 등록윈도우에서 추가하면 된다.

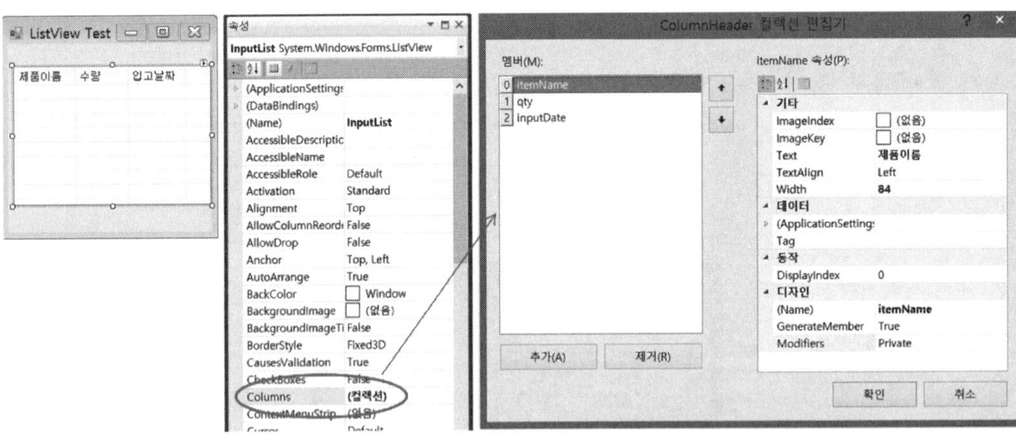

행 데이터 등록은 아래 코드를 사용한다.

코드	① `string[] strArry=new string[] {"종이컵","12","2019-07-30"};` ② `ListViewItem item=new ListViewItem(strArry);` ③ `InputList.Items.Add(item);`
설명	① 문자열 배열로 등록할 데이터를 생성한다. ② 등록할 데이터를 ListViewItem 객체로 생성한다. ③ InputList(리스트뷰)의 행데이터를 저장하는 Items 속성에 행 레코드를 삽입한다.

4.3 C# 윈도우프로그램 코드 구조

일반적인 C# 프로그램은 Program.cs 파일 하나에 Main() 메소드가 존재한다. 그런데 윈도우프로그램 프로젝트를 생성하면 아래 표와 같이 두개의 파일(Form.cs, Form.Designer.cs)이 추가된다.

파일이름	용도
Program.cs	Main() 메소드가 있고, 최초 화면에 나타나는 윈도우폼을 초기화 하는 코드가 생성된다.
Form.cs	이벤트핸들러가 생성된다.
Form.Designer.cs	윈도우폼의 모양 속성이 정의되고, 내부에 사용되는 윈도우개체의 생성 및 모양정의가 이루어진다. 또한 윈도우개체의 특정 이벤트와 이벤트핸들러 연결을 선언하는 코드가 여기에 생성된다.

윈도우폼에 관련된 것은 주로 속성창에서 마우스클릭으로 설정할 수 있어서 cs파일을 편집할 필요는 없다. 또한 이벤트핸들러도 속성창에서 이벤트를 더블클릭하면 자동생성되며 개발자는 이벤트핸들러 내용만 편집 해주면 된다.

1) 새로운 윈도우폼 생성하고 사용하기

최초 사용되는 윈도우폼은 프로그램이 실행되면 바로 생성된다. 그러나 추가된 윈도우폼을 사용하고 싶으면 아래 그림과 같이 폼을 추가할 수 있다.

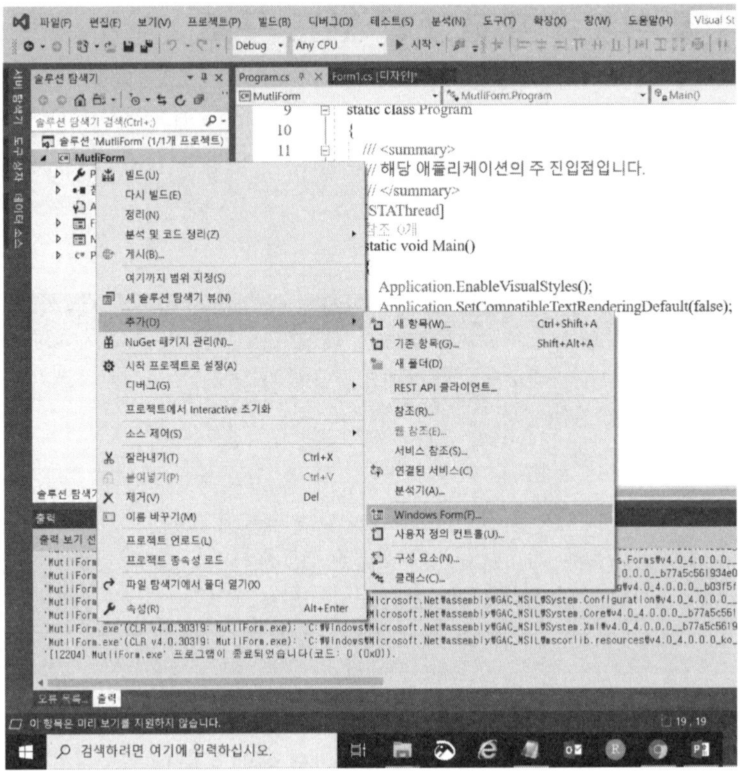

추가된폼(MyWindow)을 사용하기 위해서는 아래와 같은 코드를 사용하면 된다.

```
MyWindow frm = new MyWindow();
frm.Show();
```

2) 이벤트핸들러 수정하기

아래와 같은 프로그램을 작성 후 버튼을 누르면 MyWindow가 열리도록 하기 위해서는 버튼 이벤트핸들러에 새로운 윈도를 생성하고 보여주는 코드를 입력하면 된다.

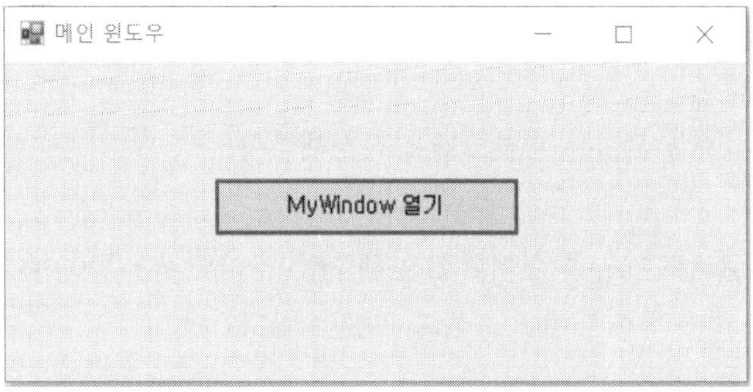

<table>
<tr><td>코드</td><td><pre>private void BtnOpenMyWindow_Click(object sender, EventArgs e)
{
  MyWindow frm = new MyWindow();
  frm.Show();
}</pre></td></tr>
<tr><td>설명</td><td>MyWindow 열기 버튼을 누르면 MyWindow 폼을 이용하여 frm객체를 생성한다. 그리고 frm객체의 Show() 메소드를 실행한다.</td></tr>
</table>

편집창에서 위 버튼을 더블클릭하면 이벤트핸들러가 자동생성되고 사용자는 필요한 코드를 입력하면 된다. 그런데 이벤트핸들러를 삭제하려면 Form.cs 파일의 핸들러 본체를 삭제하고, 핸들러의 선언부(Form.Designer.cs)도 편집해주어야 한다. 왼쪽 탐색창에서 Form1.cs 파일의 왼쪽 삼각형을 클릭하고 선언부 파일을 더블클릭하면 아래 내용을 볼 수 있다.

```
this.btnOpenMyWindow.Location = new System.Drawing.Point(137, 81);
this.btnOpenMyWindow.Name = "btnOpenMyWindow";
this.btnOpenMyWindow.Size = new System.Drawing.Size(201, 41);
this.btnOpenMyWindow.TabIndex = 0;
this.btnOpenMyWindow.Text = "MyWindow 열기";
this.btnOpenMyWindow.UseVisualStyleBackColor = true;
this.btnOpenMyWindow.Click
  += new System.EventHandler(this.BtnOpenMyWindow_Click);
```

위 코드는 버튼의 모양 설정값과 함께 이벤트핸들러에 대한 선언부가 포함되어 있다. 마지막 코드에서 버튼을 클릭하면 BtnOpenMyWindow_Click() 이라는 핸들러를 실행하라고 설정되어 있으므로, 이벤트핸들러를 삭제하려면 이 마지막 코드도 삭제해야 오류없이 프로그램을 작성할 수 있다.

4.4 C# 윈도우프로그램 예제

창고에서 입출고를 등록하는 프로그램을 작성해본다.

① File > 새 프로젝트 메뉴을 선택하면 아래 화면이 보이고 Windows Forms 응용프로그램을 선택하고 아래 이름에 프로젝트 이름을 입력한다.

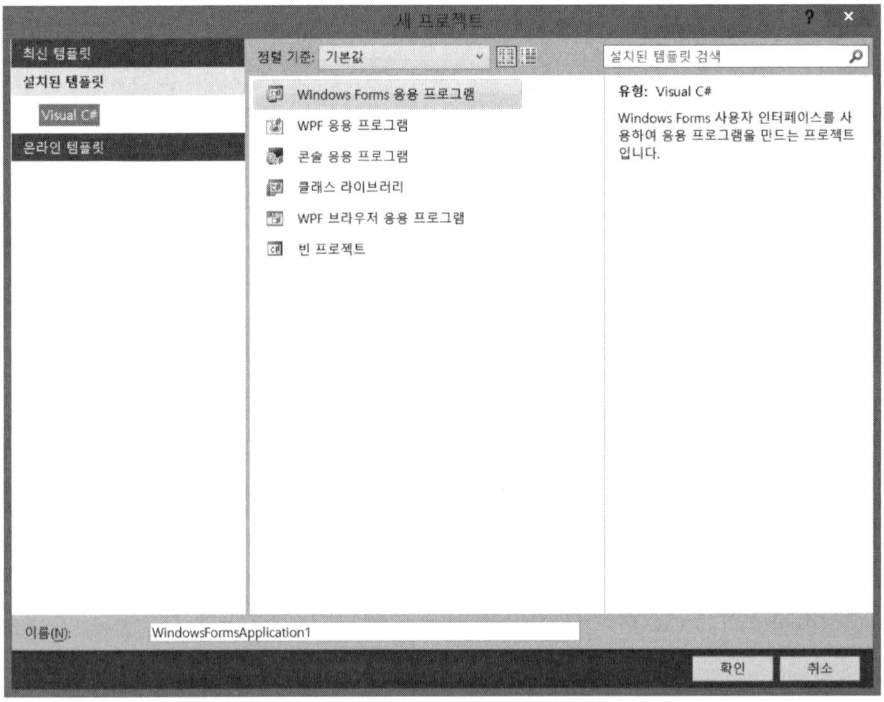

② 최초 생성되는 윈도우폼을 아래 그림처럼 디자인 한다. 화살표 텍스트는 윈도우개체의 이름(name) 속성이다. 각 개체의 왼쪽 설명은 라벨 개체를 사용하고, 입출고버튼을 감싸는 것은 그룹박스(GroupBox)를 사용하였다.

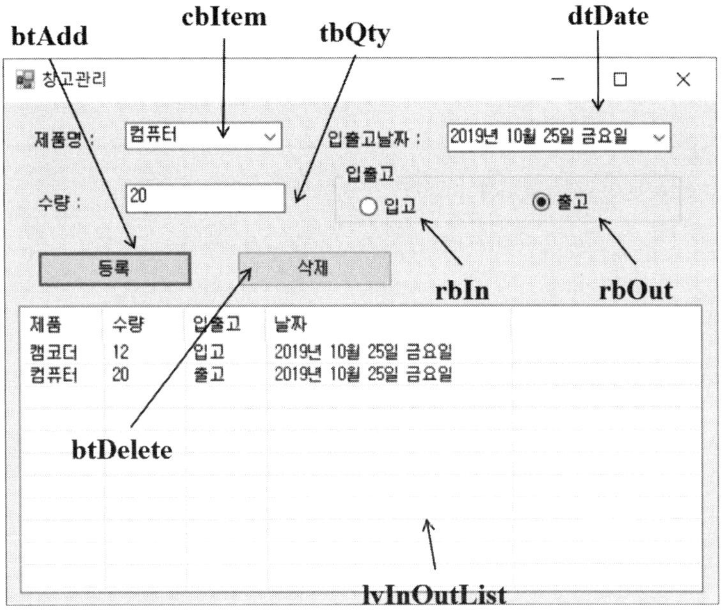

이름(Name)	윈도우개체 종류	속성값 설정
cbItem	ComboBox	Items 속성에 제품리스트 입력 (캠코더, 모니터, 컴퓨터, 책장, 의자)
dtDate	DateTimePicker	
tbQty	TextBox	
rbIn	RadioButton	Text 속성을 "입고"로 설정 Checked 속성을 true 로 설정
rbOut	RadioButton	Text 속성을 "출고"로 설정 Checked 속성을 false 로 설정
btAdd	Button	Text 속성을 "등록"로 설정
btDelete	Button	Text 속성을 "삭제"로 설정
lvInOutList	ListView	FullRowSelect 속성을 true로 설정 GridLine 속성을 true로 설정 View 속성을 Details로 설정 Columns 속성을 클릭하고 아래와 같이 4개의 열을 등록한다. ① Text: 제품명, Width: 60 ② Text: 수량, Width: 60 ③ Text: 입출고, Width: 60 ④ Text: 날짜, Width: 180

③ 등록 버튼을 더블클릭하면 이벤트핸들러가 생성되고, { } 내부에 아래와 같은 코드를 작성한다.

```
private void BtAdd_Click(object sender, EventArgs e)
{
  string name = cbItem.Text;
  string qty = tbQty.Text;
  string inout = "";
  if (rbIn.Checked == true) inout = "입고";
  if (rbOut.Checked == true) inout = "출고";
  string date = dtDate.Text;

  string[] strArray = new string[] { name, qty, inout, date };
  ListViewItem item = new ListViewItem(strArray);
  lvInOutList.Items.Add(item);
}
```

코드에 대한 설명은 아래와 같다.

코드	`string name = cbItem.Text;`
설명	콤보박스에서 선택된 제품명을 가지고 와서 name이라는 문자열 변수를 만들어라.

코드	`string qty = tbQty.Text;`
설명	텍스트박스에서 수량정보를 가지고 qty 라는 문자열 변수를 만들어라.

코드	`string inout = "";`
	`if (rbIn.Checked == true) inout = "입고";`
	`if (rbOut.Checked == true) inout = "출고";`

설명	입고 라디오버튼이 클릭되어 있으면 inout을 "입고"라는 문자로 채우고, 출고 라디오버튼이 클릭되어 있으면 inout을 "출고"라는 문자로 채운다.

코드	`string date = dtDate.Text;`
설명	날짜 정보를 읽어서 data라는 문자열을 만들어라.

코드	`string[] strArray = new string[] { name, qty, inout, date };`
	`ListViewItem item = new ListViewItem(strArray);`
	`lvInOutList.Items.Add(item);`

설명	수집된 행 데이터를 배열로 만들고, 리스트뷰에 등록하기 위한 item 개체를 만든다. (데이터를 등록하기 위해서는 항상 ListViewItem 객체를 만들어서 등록해주어야 한다.) ListView 에서 행데이터를 관리해주는 Items 속성에 Add 속성을 이용하여 위에서 생성한 행 객체(item)를 등록한다.

④ 삭제 버튼을 더블클릭하면 이벤트핸들러가 생성되고, { } 내부에 아래와 같은 코드를 작성한다.

```
private void BtDelete_Click(object sender, EventArgs e)
{
 if (lvInOutList.SelectedItems.Count > 0)
   lvInOutList.SelectedItems[0].Remove();
}
```

코드에 대한 설명은 아래와 같다.

코드	`if (lvInOutList.SelectedItems.Count > 0)`
설명	리스트박스에서 선택된 항목이 1개 이상이면 삭제 동작을 수행하도록 한다.

코드	`lvInOutList.SelectedItems[0].Remove();`
설명	리스트박스에서 선택된 첫번째 항목을 삭제한다.

Chapter 5

C#을 이용한 데이터관리 시스템

5.1 파일 입출력

1) 텍스트(Text) 형태의 파일 입출력

C#에서 파일 입출력을 하려면 C# 개발환경에서 지원해주는 클래스를 사용하여야 한다. 이 기능은 System.IO 네임스페이스에 존재하므로 프로그램 처음부분에서 아래 코드를 항상 사용하여야 한다.

```
using System.IO
```

텍스트형식의 데이터를 파일에 출력(저장)하기 위해서는 아래 코드와 같이 StreamWriter 객체를 생성하여야 한다.

```
StreamWriter wFile =
  new StreamWriter(new FileStream("memo.txt", FileMode.Create));
wFile.WriteLine("Hello World");
wFile.Close();
```

위 코드에서 "memo.txt" 파일에 텍스트를 저장할 수 있는 객체가 생성되었는데, 파일을 무조건 새로 생성하는 옵션(FileMode.Create)을 사용하였다. 문자열 한 줄을 저장하는 WriteLine(문자열) 메소드를 사용하고, 줄바꿈없이 문자열을 저장하려면 Write(문자열) 메소드를 사용한다.

텍스트형식의 데이터를 파일에서 읽어오기 위해서는 아래 코드와 같이 StreamReader 객체를 생성하여야 한다.

```
StreamReader rFile =
  new StreamReader(new FileStream("memo.txt", FileMode.Open));
string line=rFile.ReadLine();
rFile.Close();
```

위 코드에서 "memo.txt" 파일 내용을 C#프로그램 안으로 읽어올 수 있는 객체가 생성되었는데, 기존 파일을 여는 옵션(FileMode.Open)을 사용하였다. 문자열 한 줄을 읽는 것은 ReadLine() 메소드를 사용한다.

C#에서 파일을 다루는 옵션은 아래 표와 같다.

모드	사용법
FileMode.Append	기존파일을 열고 파일 끝까지 이동해서 데이터 쓰기 준비한다.
FileMode.Create	새로운 파일을 생성한다. 동일한 이름의 기존 파일내용은 사라진다.
FileMode.Open	명시된 파일명을 찾아 기존 파일을 열어 쓰기 준비한다. 파일이 없으면 에러(FileNotFoundException)가 발생한다.
FileMode.OpenOrCreate	파일이 있으면 열고, 없으면 새로운 파일을 생성합니다.

위 코드에서 파일 입출력을 위해 사용된 객체의 Close() 메소드를 사용하여 운영체제에 파일 사용이 끝났음을 알리는 절차를 꼭 해줘야 한다. 이렇게 해제하지 않으면 차후 해당 파일을 사용하는데 에러가 발생할 수 있다.

2) 파일을 이용한 메모장 예제

① File > 새 프로젝트 메뉴을 선택하면 아래 화면이 보이고 Windows Forms 응용프로그램을 선택하고 아래 이름에 프로젝트 이름(MemoEditor)을 입력한다.

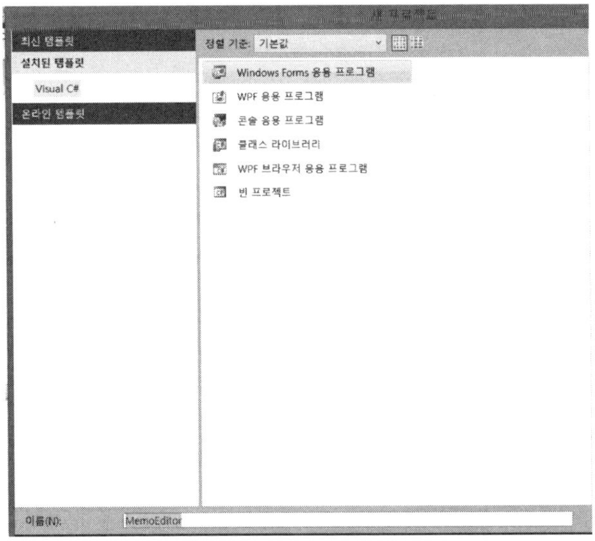

② 아래와 같이 윈도우폼을 디자인하고 이름을 입력한다.

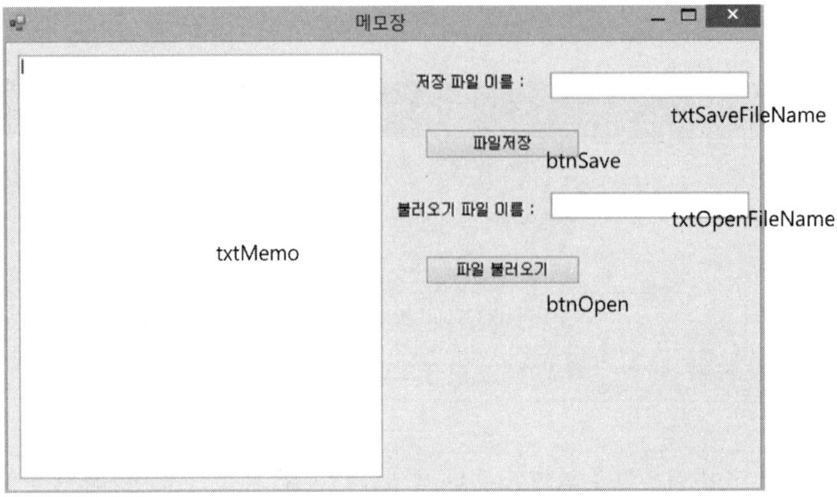

③ 파일저장 버튼을 더블클릭하면 이벤트핸들러가 생성되고, { } 내부에 아래와 같은 코드를 작성한다.

```
private void btnSave_Click(object sender, EventArgs e)
{
 StreamWriter wFile = new StreamWriter(
  new FileStream(txtSaveFileName.Text, FileMode.Create));
 wFile.Write(txtMemo.Text); // 텍스트박스 내용을 파일에 저장한다.
 wFile.Close();
}
```

④ 파일 불러오기 버튼을 더블클릭하면 이벤트핸들러가 생성되고, { } 내부에 아래와 같은 코드를 작성한다.

```
private void btnOpen_Click(object sender, EventArgs e)
{
  txtMemo.Text = "";
  StreamReader rFile = new StreamReader(
   new FileStream(txtOpenFileName.Text, FileMode.Open));
  while (rFile.EndOfStream == false)
  {
    txtMemo.Text +=rFile.ReadLine();
    txtMemo.Text += "\r\n";
  }
  rFile.Close();
}
```

주요 코드 설명은 아래와 같다.

코드	while (rFile.EndOfStream == false)
	{
	  txtMemo.Text +=rFile.ReadLine();
	  txtMemo.Text += "\r\n";
	}

설명	while문 에서 입력파일의 끝줄까지 반복한다.
	{
	  입력파일에서 한 줄을 읽어서 왼쪽 텍스트박스에 추가한다.
	  텍스트박스에 줄바꿈을 한다.
	}

3) 구조화된 데이터 다루기

고객이름, 상품이름, 수량을 정보를 파일에 저장하기 위해서는 StreamWriter의 WriteLine()메소드를 활용하여 데이터를 특정문자로 구분하도록 저장하여야 한다. 고객이름, 품목, 수량 정보를 쉼표로 구분하여 파일에 저장하는 코드는 다음과 같다.

```
w.WriteLine("{0},{1},{2}", customer, item, qty);
```

또한 데이터를 불러올 경우는 문자열을 특정문자로 분리하여 데이터를 추출하도록 한다. 아래 코드에서 ReadLine() 과 Split('구분자')을 사용하였다. Split()의 결과값은 n개의 데이터가 저장된 배열이다.

```
string read = r.ReadLine();
string[] data = read.Split(',');
```

아래 코드는 매출정보(고객이름, 상품이름, 수량)를 키보드로 입력받아 파일에 저장하는 기능과 파일로 부터 매출정보를 읽어 표시해 주는 기능을 제공한다.

```
using System;
using System.IO;
namespace DataFile
{
 class Program
 {
  static void Main(string[] args)
  {
   while (true)
   {
    Console.Write("원하는 작업을 입력하세요 1=데이터저장
     , 2=데이터불러오기 , 0=종료> ");
    int command = Int32.Parse(Console.ReadLine());
    if (command == 0) break;
    if (command == 1)
    {
     Console.Write("고객이름 >");
```

```
      string customer = Console.ReadLine();
      Console.Write("상품이름 >");
      string item = Console.ReadLine();
      Console.Write("수량 >");
      int qty = Int32.Parse(Console.ReadLine());
      StreamWriter w
       = new StreamWriter(new FileStream("data.txt", FileMode.Create));
      w.WriteLine("{0},{1},{2}", customer, item, qty);
      w.Close();
      Console.WriteLine("파일 저장 완료");
     }
     if (command == 2)
     {
      StreamReader r
       = new StreamReader(new FileStream("data.txt", FileMode.Open));
      string read = r.ReadLine();
      r.Close();
      string[] data = read.Split(','); //문자열을 쉼표로 분리한다.
      // 불러온 데이터를 화면에 출력한다.
      Console.WriteLine("불러온 데이터는 다음과 같습니다. ");
      Console.WriteLine("고객이름={0},상품이름={1},수량={2}"
       , data[0], data[1], data[2]);
     }
    }
   }
  }
}
```

4) 파일기반 영업관리 프로그램

3장에서 실습했던 영업관리 프로그램은 아래 구조처럼 매출전표를 입력하고, 고객별 월매출 및 상품별 월매출을 정리하는 분석기능을 가지고 있다.

```
using System;
using System.Collections;
using System.IO;
namespace Sales
{
 struct saleinfo {...}
 class Program
 {
```

```
    static void SaleSlip(saleinfo[] s) { ... }
    static void CustomerSummary(saleinfo[] s) { ... }
    static void ItemSummary(saleinfo[] s) { ... }
    static void SaveData(saleinfo[] s) { ... } // 데이터 저장하기 메소드
    static void LoadData(saleinfo[] s) { ... } // 데이터불러오기 메소드
    static void Main(string[] args) { ...}
  }
}
```

아래 main() 메소드에서 프로그램 메뉴에 "4=데이터저장하기" 와 "5=데이터불러오기" 메뉴를 추가하고 case 문에서 4번 5번을 추가한다.

```
static void Main(string[] args)
{
  saleinfo[] saledata = new saleinfo[31];
  while (true)
  {
    Console.WriteLine("1=매출전표입력,2=고객별월매출,3=상품별월매출,");
    Console.WriteLine("4=데이터저장하기, 5=데이터불러오기,0=프로그램종료 ");
    Console.Write("원하는 작업을 입력하세요 >");
    int command = Int32.Parse(Console.ReadLine());
    if (command == 0) break;
    switch (command)
    {
      case 1:
        SaleSlip(saledata);
        break;
      case 2:
        CustomerSummary(saledata);
        break;
      case 3:
        ItemSummary(saledata);
        break;
      case 4:
        SaveData(saledata); // 데이터 저장 메소드
        break;
      case 5:
        LoadData(saledata); // 데이터 불러오기 메소드
        break;
    }
  }
}
```

데이터 저장 메소드는 배열에 저장된 데이터를 sales.txt 파일에 저장한다. 데이터 요소는 쉼표로 구분하여 저장하고, 각 데이터는 줄바꾸기로 구분하여 저장된다. WriteLine() 을 사용하면 파일 저장할때 줄바꾸기가 자동 적용된다.

```
static void SaveData(saleinfo[] s)
{
 StreamWriter w
  = new StreamWriter(new FileStream("sales.txt", FileMode.Create));
 for (int i = 0; i < 31; i++)
 {
  // 빈데이터는 저장하지 않는다. 상품이름으로 체크하였다.
  if (s[i].pid == null) continue;
  // "데이터번호, 고객, 상품, 수량, 금액" 형식으로 저장한다.
  w.WriteLine("{0},{1},{2},{3},{4}", i, s[i].cid, s[i].pid, s[i].qty, s[i].amount);
 }
 w.Close();
 Console.WriteLine("데이터저장 완료");
}
```

데이터를 파일(sales.txt)에서 불러오고 배열에 채워주는 코드는 아래와 같다.

```
static void LoadData(saleinfo[] s)
{
 for (int i = 0; i < 31; i++) // 배열 데이터를 모두 초기화 한다.
 {
  s[i].cid = null;
  s[i].pid = null;
  s[i].qty=0;
  s[i].amount=0;
 }
 StreamReader r
  = new StreamReader(new FileStream("sales.txt", FileMode.Open));
 while (r.EndOfStream == false) // 파일 마지막을 발견할 때까지 반복한다.
 {
  string line = r.ReadLine();
  string[] data = line.Split(',');// 읽은 한줄 데이터를 쉼표를 기준으로 나눈다.
  int i = Int32.Parse(data[0]);// 첫번째열 데이터를 데이터번호로 사용한다.
  s[i].cid = data[1]; // 두번째열 데이터를 고객이름으로 사용한다.
  s[i].pid = data[2]; // 세번째열 데이터를 상품이름으로 사용한다.
  s[i].qty = Int32.Parse(data[3]); //네번째열 데이터를 수량으로 사용한다.
  s[i].amount = Int32.Parse(data[4]); //다섯번째열 데이터를 금액으로 사용한다.
```

```
    }
    r.Close();
    Console.WriteLine("데이터불러오기 완료");
}
```

5.2 데이터베이스

1) 데이터베이스 정의

데이터베이스는 아래와 같은 형태로 데이터를 정의하고 관리하는 방법론을 말한다. 테이블의 각 열은 필드 라고 하고 각 행은 레코드셋을 의미한다. 최초 테이블 디자인 단계에서 열 구조가 정의되고 실제 데이터베이스를 사용하면서 행 데이터가 추가 된다.

고객명	구매상품명	구입날짜	구입가격
홍길동	컴퓨터	20190802	1,000,000
전우치	모니터	20190802	200,000
임꺽정	마우스	20190803	40,000

기업 경영정보시스템은 필요한 데이터를 여러 개의 테이블 형태로 정의하여 사용한다. 여러 개의 테이블을 정의하게 되면 테이블간 관계가 만들어 지는데 이러한 데이터베이스를 관계형데이터베이스(Rational DataBase)라고 한다. 이러한 데이터베이스 테이블을 정의하고 관리하는 소프트웨어를 DBMS(DataBase Management System)라고 한다. 상용제품으로는 오라클(Oracle), MS SQL Server 가 유명하고, 오픈소스는 MySQL, MariaDB가 유명하다. MySQL은 개인은 무료이지만 상업용으로 사용하는 경우는 라이센스를 구매해야 한다. 앞에서 언급한 데이터베이스 서버는 인터넷상에서 여러 사용자가 동시에 접속해서 사용하는 대형 정보시스템을 사용하는 경우에 사용되며 하나의 컴퓨터에서 작은 시스템을 운영하는 경우 MS Access 를 사용하기도 한다.

기업업무에 필요한 정보를 테이블로 디자인하는 것을 데이터베이스 설계라고 하는데, 정보시스템의 성능과 신뢰성을 좌우하는 매우 중요한 작업이다. 테이블을 설계하는 중요한 원칙은 정보의 물리적인 데이터량을 최소화하고 오류발생을 최소화 하도록 전체 데이터를 테이블로 분할하는 것이다.

2) 데이터베이스 정규화

데이터베이스 설계에서는 특정 정보를 테이블로 표현하고, 테이블을 가능한 여러 개의 테이블로 분해하는 것을 수행하는데 이를 정규화라고 한다.

테이블 표현 원칙
• 관리되어야하고 저장되어야 하는 정보를 담는다. • 테이블은 행과 열로 표현되고 열(필드)은 속성값, 행은 하나의 데이터 셋을 표현한다. • 열값은 단일값으로만 설정한다. 다중값은 허용하지 않는다. 예) "거래처A/거래처 B"와 같은 다중값이 등록되지 않도록 한다. • 계산결과로 만들어지는 값은 열에 포함하지 않도록 한다. 이러한 것은 차후 분석화면에서 다루도록 한다.

아래와 같은 정보를 관리하기 위한 테이블 설계를 생각해 보자.

- 고등학교 성적을 관리하려 한다.
- 학생 정보는 이름, 학년, 반, 교실번호
- 과목정보는 과목이름, 담당선생님이름
- 과목이름은 국어, 수학, 영어, 과학
- 학생의 각 과목별 점수, 전과목 총점, 전과목 평균을 표시한 성적표를 출력하려 한다.

① 테이블 표현

관리해야할 모든 정보를 포함하도록 테이블을 설계한다. 다만 총점과 평균은 계산결과로 만들어지므로 일단 테이블 표현에서 배제한다.

학번	이름	학년	반	교실번호	과목이름	담당선생님	점수
20140101	최문석	1	1	1A	국어	이경욱	75
20140101	최문석	1	1	1A	수학	최용호	60
20140101	최문석	1	1	1A	영어	배정훈	57
20140101	최문석	1	1	1A	과학	조범식	66
20140102	이원석	1	2	3A	국어	이경욱	75
20140102	이원석	1	2	3A	수학	최용호	85
20140102	이원석	1	2	3A	영어	배정훈	59
20140102	이원석	1	2	3A	과학	조범식	63
20140103	문장원	1	3	4B	국어	이경욱	92
20140103	문장원	1	3	4B	수학	최용호	91
20140103	문장원	1	3	4B	영어	배정훈	97
20140103	문장원	1	3	4B	과학	조범식	68

② 제1 정규화

테이블에서 반복되는 것을 배재하기 위하여 테이블을 여러 개로 분할 한다. 위 테이블은 학번, 이름, 학년, 반, 교실번호가 반복된다. 그러므로 아래와 같은 두개 테이블로 분할하는 것이 좋다.

학생테이블

학번	이름	학년	반	교실번호
20140101	최문석	1	1	1A
20140102	이원석	1	2	3A
20140103	문장원	1	3	4B

성적테이블

학번	과목이름	담당선생님	점수
20140101	국어	이경욱	75
20140101	수학	최용호	60
20140101	영어	배정훈	57
20140101	과학	조범식	66
20140102	국어	이경욱	75
20140102	수학	최용호	85
20140102	영어	배정훈	59
20140102	과학	조범식	63
20140103	국어	이경욱	92
20140103	수학	최용호	91
20140103	영어	배정훈	97
20140103	과학	조범식	68

위 학생테이블과 성적테이블은 학번이라는 열을 통해 연결되어 있음을 알 수 있다. 학생테이블에서 각 행을 유일하게 표현하는 것은 학번이다. 이러한 열을 주키(Primary Key)라고 한다.

③ 제2 정규화

테이블에서 어떤 열에 의하여 다른 하나의 열이 결정된다면 두 열을 테이블로 분할한다. 위 성적테이블에서는 과목이름이 결정되면 담당선생님 이름이 결정되므로 아래와 같은 두 개 테이블로 분할한다.

담당선생님테이블	성적테이블

담당선생님테이블

과목이름	담당선생님
국어	이경욱
수학	최용호
영어	배정훈
과학	조범식

성적테이블

학번	과목이름	점수
20140101	국어	75
20140101	수학	60
20140101	영어	57
20140101	과학	66
20140102	국어	75
20140102	수학	85
20140102	영어	59
20140102	과학	63
20140103	국어	92
20140103	수학	91
20140103	영어	97
20140103	과학	68

결과적으로 최초 테이블은 아래와 같은 3개의 테이블로 관리하는 것이 효율적이다.

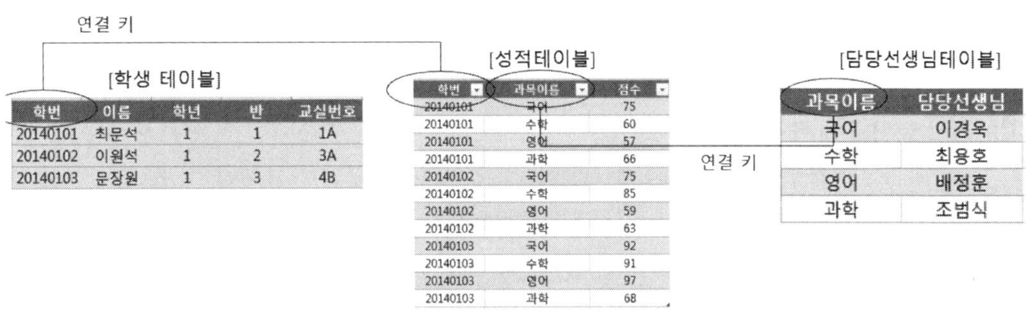

3) 경영정보시스템 테이블 설계

일반적인 경영정보시스템에서 테이블 설계는 업무와 관련하여 아래와 같은 형식으로 분할하게 된다.

구분	설명 및 사용 예
정적 정보 테이블	• 한번 생성되면 쉽게 변동되지 않는 정보 • 기업에서 사용하는 기준정보(부품 종류, 기계종류) • 제품 및 상품 정보 • 고객 정보 • 설비 정보

구분	설명 및 사용 예
동적 정보 테이블	• 기업 업무 프로세스가 진행되면서 발생되는 정보 • 상품 판매 정보 • 생산 진행 정보 • 자재 입출고 정보

동적정보는 주로 날짜 및 시간 필드가 존재하며 여러 개의 정적정보와 관련이 있다. 예를 들면 상품매출이 발생할 때 매출 건에 대한 정보를 저장하게 되는데 상품매출은 "언제 어떤 고객이 어떤 상품을 구입했다"라는 정보이므로 정적정보인 상품정보와 고객정보 가 필요하다. 상품매출을 저장할 때는 상품과 고객의 고유번호만 저장하고 상품과 고객의 세부정보는 따로 테이블에서 관리하게 되므로 불필요한 데이터의 중복을 피할 수 있다.

관계형데이터베이스에서 테이블을 정의할 때 각 필드에 주키(Primary Key), 외래키(Foreign Key)를 지정한다. 테이블의 행을 고유하게 정의하고 중복되지 않는 코드로 구성된 필드를 주키로 지정한다. 다른 테이블의 주키를 사용하는 필드는 외래키로 지정하고 참고하는 테이블과 필드를 지정해 준다. 주키와 외래키를 설정해주면 DBMS 시스템에서 잘못된 데이터 입력을 최소화 할 수 있다.

상품매출정보를 관리하기 위해서 아래와 같이 3개의 테이블로 설계할 수 있다.

테이블명: sales	
필드명	설명
salecode	매출건에 대한 코드, 고유한 숫자나 문자열로 구성된다. 주키로 지정한다.
customercode	매출 고객 코드, 고객테이블의 customer 필드를 참조하게 되므로 외래키로 지정된다.
itemcode	상품 코드, 상품테이블의 item 필드를 참조하게 되므로 외래키로 지정된다.
date	매출날짜
qty	판매개수
price	판매금액

테이블명: customers	
필드명	**설명**
customercode	고객코드, 고유한 숫자나 문자열로 구성된다. 주키로 지정한다.
name	고객이름
tel	고객 연락처
addr	고객 주소

테이블명: items	
필드명	**설명**
itemcode	상품코드름, 고유한 숫자나 문자열로 구성된다. 주키로 지정한다.
itemname	상품이름
spec	상품 특성
unit	판매단위(EA(개), BOX(박스), KG(무게) 등 판매단위를 지정한다)

< customers >

customercode (주키)	name	tel	addr
c901805	홍길동	010-4567	성북구
c903040	전우치	010-4568	노원구
c903609	임꺽정	010-4569	도봉구
c904179	이철수	010-4570	노원구
c904604	이영희	010-4571	성북구

< items >

itemcode (주키)	itemname	spec	unit
i001	지우개	rect	unit
i002	종이컵	big	box
i003	볼펜	monami	unit
i004	커피	maxim	box
i005	휴지	box	box

< sales >

salecode (주키)	customercode (외래키)	itemcode (외래키)	date	qty	price
s0001	c904179	i001	2020-04-05	10	14701
s0002	c904604	i002	2020-04-06	12	14758
s0003	c901805	i003	2020-04-07	20	14751
s0004	c903040	i004	2020-04-08	19	19355
s0005	c903609	i005	2020-04-09	15	17503

위와 같이 테이블을 설계하면 매출 건을 등록할 때 고객 및 상품의 세부정보를 저장할 필요가 없다. 예를 들어 고객의 연락처가 필요하다면 고객코드를 통해 customers테이블에서 조회하면 가능하기 때문이다. 이러한 방식으로 저장 공간을 절약할 수 있다. 또한 외래키가 연결되어 있기 때문에 데이터의 무결성을 확보할 수 있다. 즉 매출 건을 등록할 때 기존에

없던 고객을 등록하는 것이 불가능하기 때문에 잘못된 고객정보를 등록하는 일이 없게 된다. 기업에서는 주로 데이터베이스를 이용하여 내부 운영데이터를 관리하므로 C#을 이용한 경영정보시스템은 데이터베이스 입출력을 사용하여야 한다. 일부 데이터는 파일입출력을 사용하기도 한다. 데이터 입출력에서 주의해야할 것은 사용이 완료된 파일 및 데이터베이스 연결은 사용 후 해제되어야 한다는 것이다.

4) SQL

데이터베이스를 사용하게 되면 주로 데이터를 조회하고 추가 및 변경하는 작업을 하게 된다. 이러한 작업을 쉽게 표현할 수 있도록 만들어진 명령어들의 모임을 SQL(Structured Query Language)이라고 한다.

① DDL(Data Definition Language)

데이터베이스 테이블을 생성(Create)하거나 삭제(Drop) 혹은 변경(Alter)할 때 사용하는 명령문이다.

② DML(Data Manipulation Language)

데이터베이스 레코드의 삽입, 삭제, 조회 및 수정을 처리하는 명령문이다. 데이터분석을 하는 경우 주로 사용되는 명령문으로 대표적인 사용방법은 아래 표와 같다.

명령문	설명
INSERT	특정 테이블에 레코드를 삽입하는 작업 수행 예) insert into sales (salecode, customercode, itemcode, date, qty, price) values (1,"홍길동","컴퓨터","20190802",10, 10000)
UPDATE	특정 레코드의 수정 예) update sales set itemcode="노트북" where itemcode="컴퓨터"
SELECT	조회 조건에 만족되는 데이터를 조회 예) select * from sales where customercode="홍길동"
DELETE	조건에 부합되는 레코드 삭제 예) delete frome sales where itemcode="노트북"

5) MariaDB

MariaDB 는 오픈소스 관계형 데이터베이스 관리 시스템이다. https://mariadb.org/ 사이트에서 다운로드 가능하다. 설치프로그램을 실행하면 아래와 같이 MariaDB Server 설치화면에서 최초 아래와 같은 root 계정의 비밀번호를 설정한다.

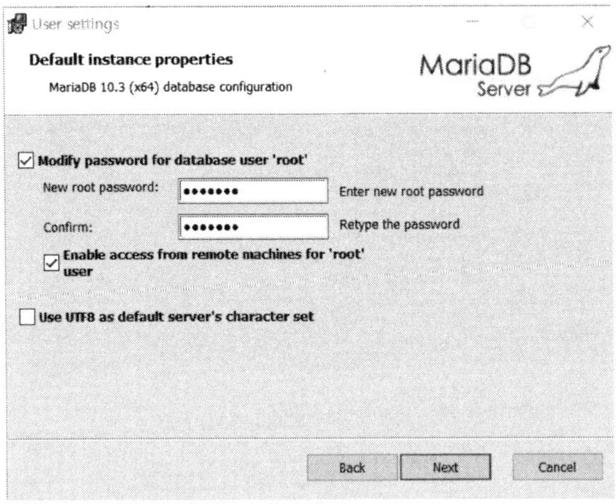

MariaDB를 설치 후 테이블에서 한글을 사용하기 위해서는 아래 절차를 수행한다.

① 먼저 작업관리자 > 서비스 탭에서 MySQL을 중지시킨다.

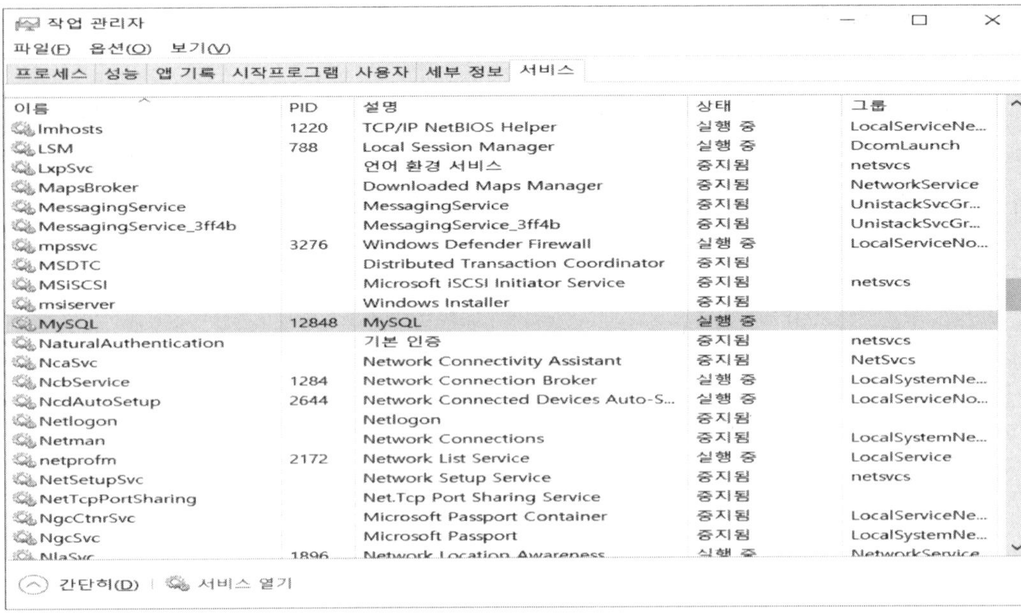

② 설치폴더(C:\Program Files\MariaDB 10.3\)로 가서 data 폴더 밑에 my.ini 파일을 메모장에서 오픈하여 아래와 같이 수정한다.

▼ <원본>

```
[mysqld]
datadir=C:/Program Files/MariaDB 10.3/data
port=3306
innodb_buffer_pool_size=2033M

[client]
port=3306
plugin-dir=C:/Program Files/MariaDB 10.3/lib/plugin
```

▼ <수정본>

```
[mysqld]
datadir=C:/Program Files/MariaDB 10.3/data
port=3306
innodb_buffer_pool_size=2033M
```

```
init_connect="SET collation_connection = utf8_general_ci"
init_connect="SET NAMES utf8"
character-set-server = utf8
collation-server = utf8_general_ci

[client]
port=3306
plugin-dir=C:/Program Files/MariaDB 10.3/lib/plugin
default-character-set = utf8

[mysqldump]
default-character-set = utf8

[mysql]
default-character-set = utf8
```

③ 작업관리자 > 서비스 탭에서 MySQL을 다시 시작한다.

MariaDB를 쉽게 사용하기 위해서는 SQL 클라이언트 프로그램을 설치해야 한다. 본 교재에서는 HeidiSQL을 사용한다. https://www.heidisql.com/ 사이트에서 무료로 다운로드 가능하다. HeidiSQL을 설치하고 실행하면 아래 화면을 볼 수 있다.

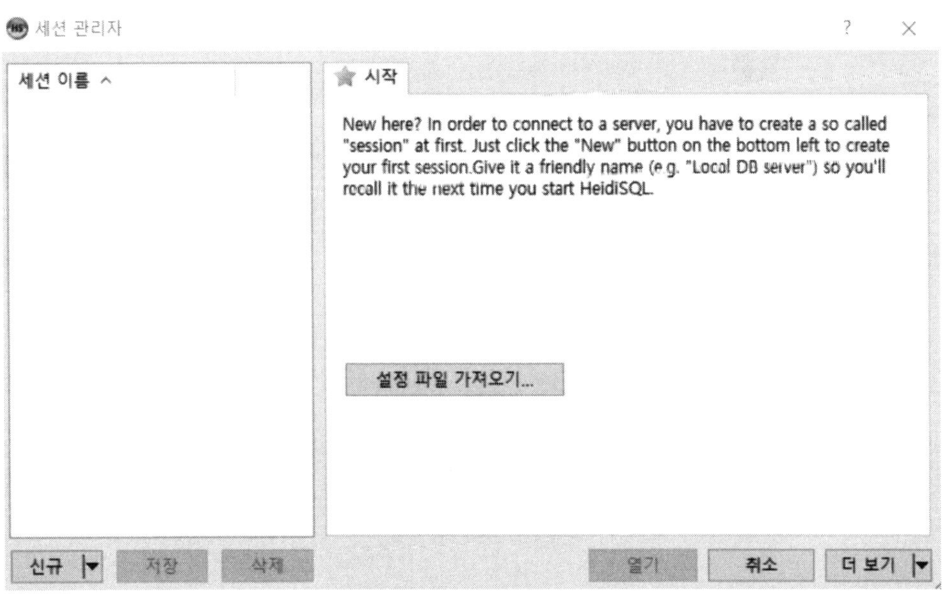

왼쪽 아래 신규 버튼을 누르면 아래 화면으로 바뀌고 현재 설치된 MariaDB에 접속할 수 있게 된다.

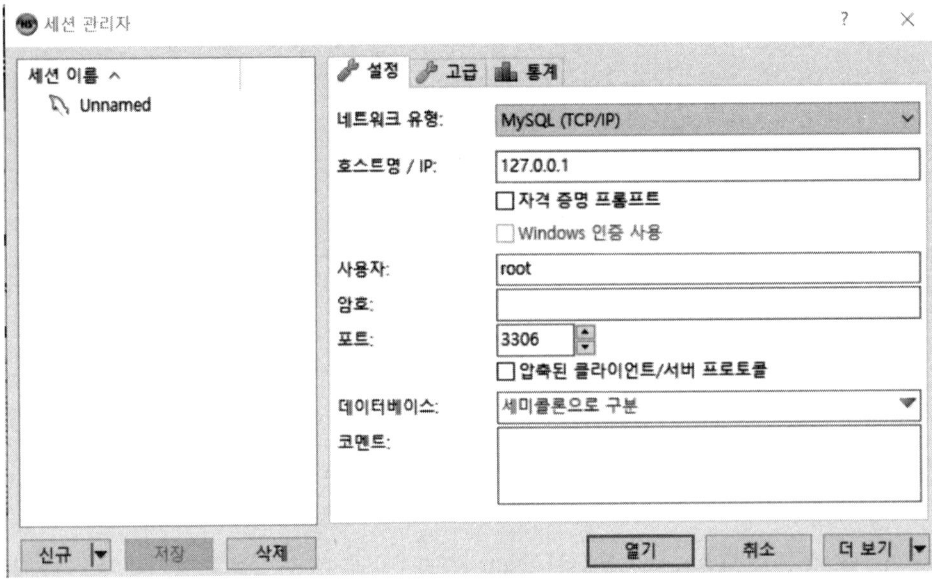

왼쪽 위 Unnamed를 Local라고 고치고 root 암호를 입력 후 열기 버튼을 누른다. 그러면 아래와 같이 데이터베이스를 생성하고 관리할 수 있는 화면을 볼 수 있다.

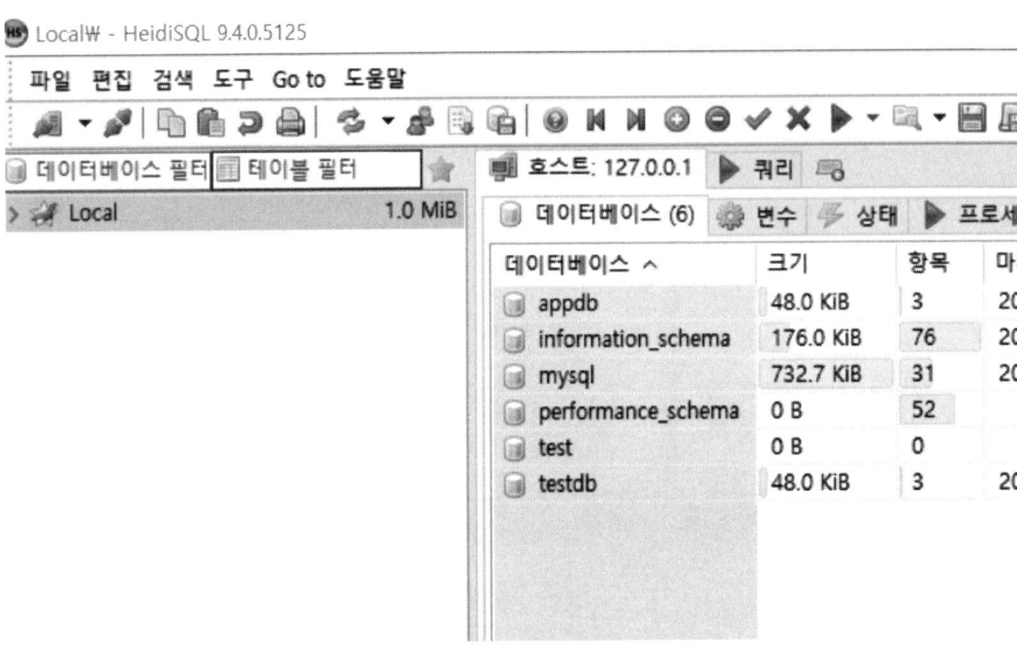

④ 데이터베이스 만들기

MariaDB에서 Local를 선택하고 오른쪽 마우스를 클릭하고 새로생성 > 데이터베이스를 선택한다. 데이터베이스는 testdb 라고 한다. 이러한 논리적인 데이터베이스는 mariadb 안에서 여러개 생성하여 사용할 수 있다. 테이블을 만들기 위해서는 testdb를 선택하고 오른쪽 마우스를 클릭하고 새로생성 > 테이블을 선택한다. 아래 그림과 같이 테이블 이름은 sales라고 하고 5개의 열을 추가한다. salecode는 정수(INT), customercode, itemcode, date는 가변문자열형태(VARCHAR) 이고 date는 날짜시간형(DATE), price 는 일반 정수형(INT)이다.

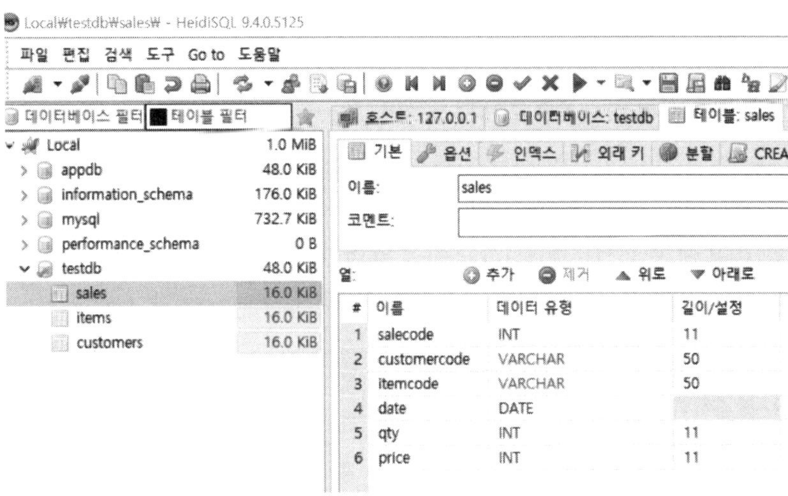

5.3 데이터베이스 입출력

1) 데이터 행 추가 예제

C#에서 MariaDB에 엑세스하기 위해서는 일반적으로 MySQL을 위한 ADO.NET 드라이버가 필요하다. 웹사이트(https://dev.mysql.com/downloads/connector/net/)에서 무료 다운받아 설치할 수 있다. 드라이버를 설치한 후에 C# 프로젝트에서 MySql.Data.dll를 참조한 후 MySql.Data.MySqlClient 네임스페이스를 참조하면, MySQL버전의 ADO.NET 클래스들 (예: MySqlConnection, MySqlCommand, MySqlDataReader 등)을 이용할 수 있다.

① Visual Studio 에서 dbtest 프로젝트 생성하기

File > 새 프로젝트 메뉴를 선택하면 아래 화면이 보이고 콘솔 앱(.NET Framework)을 선택하고 아래 이름에 프로젝트 이름(dbtest)을 입력한다.

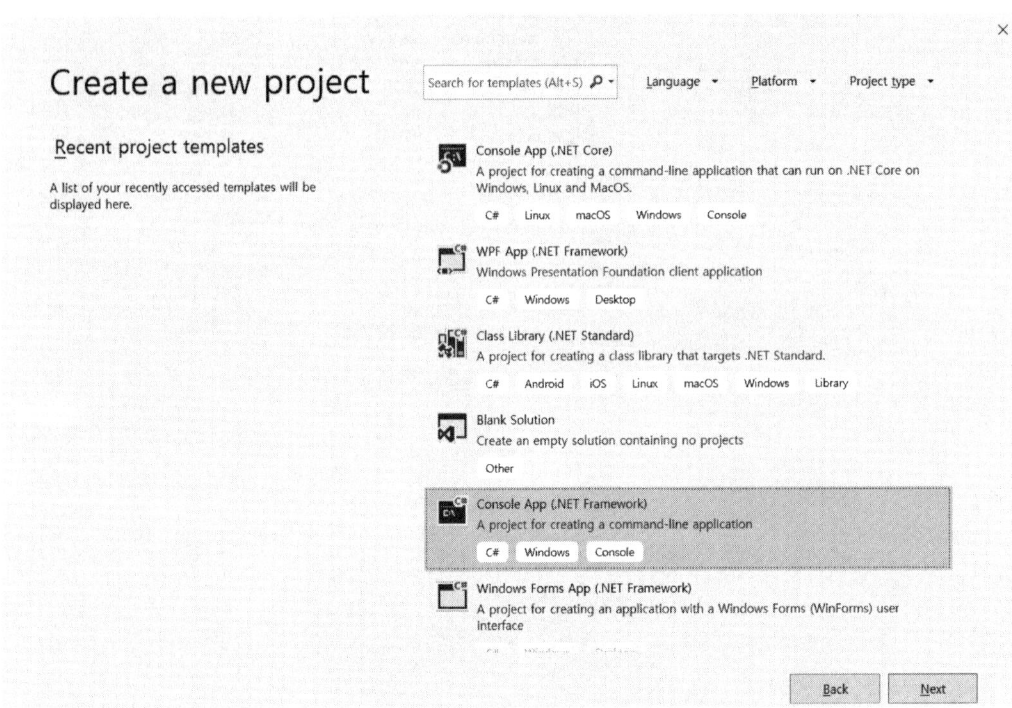

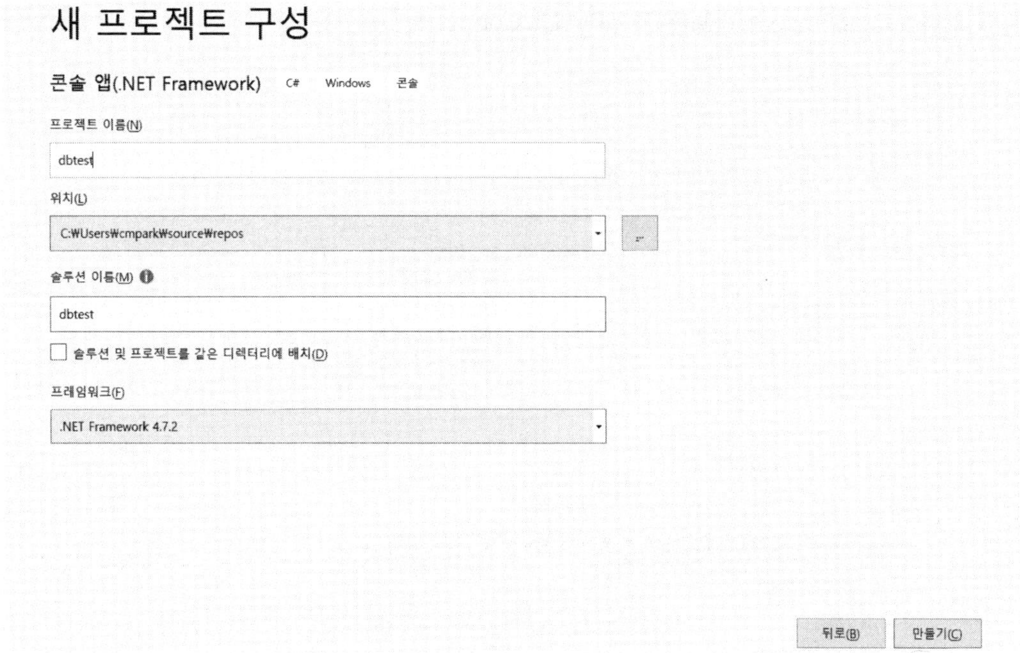

② MySql.Data.dll 참조 등록하기

왼쪽 솔루션 탐색기에서 dbtest 아래 참조를 오른쪽 마우스 클릭하고 참조추가 메뉴를 클릭한다. 아래 그림처럼 어셈블리 > 확장에서 MySql.Data를 클릭하고 확인버튼을 누른다.

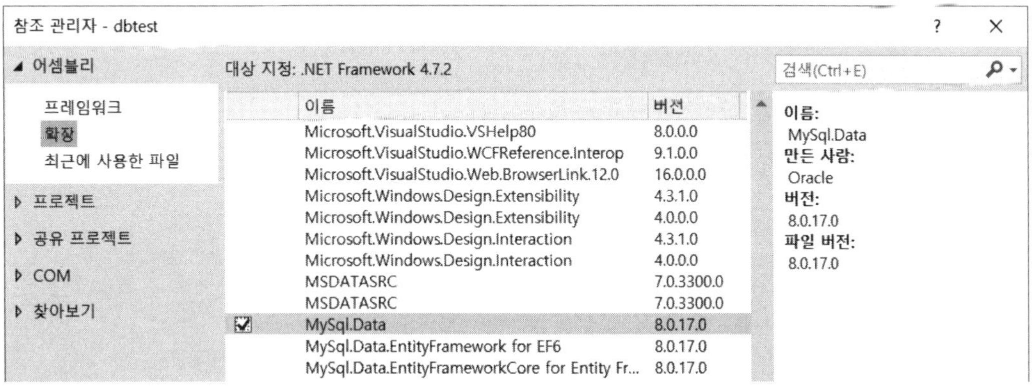

Visual C# 2010 Express 인 경우 찾아보기 탭에서 아래 폴더에 있는 MySql.Data.dll 파일을 선택해 준다.

C:\Program Files (x86)\MySQL\MySQL Connector Net 6.8.6\Assemblies\v4.0

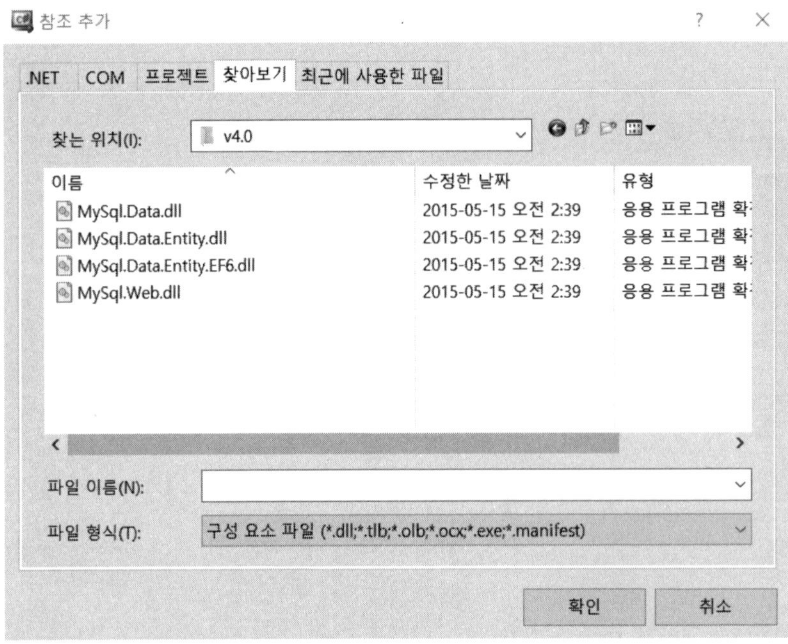

③ 데이터행을 추가하는 아래와 같은 코드를 작성하고 실행해 본다.

빌드 > 솔루션 빌드를 눌러 컴파일과 실행파일을 생성하고, 위쪽 삼각형 시작버튼을 눌러 실행해 본다. MariaDB에서 1개의 행이 생성된 것을 확인한다.

```
using System;
using System.Collections.Generic;
using System.Linq;
using System.Text;
using System.Threading.Tasks;
using MySql.Data.MySqlClient;

namespace dbtest
{
 class Program
 {
  static void Main(string[] args)
  {
   string connStr =
```

```
    "Server=localhost;Uid=root;Database=testdb;port=3306;Pwd=****";
   MySqlConnection conn = new MySqlConnection(connStr);
   conn.Open();
   string query
    ="insert into sales (salecode,customercode,itemcode,date,qty,price)
          values (1,\"홍길동\",\"컴퓨터\",\"2019-08-02\",10,10000)";
   MySqlCommand cmd = new MySqlCommand(query, conn);
   cmd.ExecuteNonQuery();
   conn.Close();
  }
 }
}
```

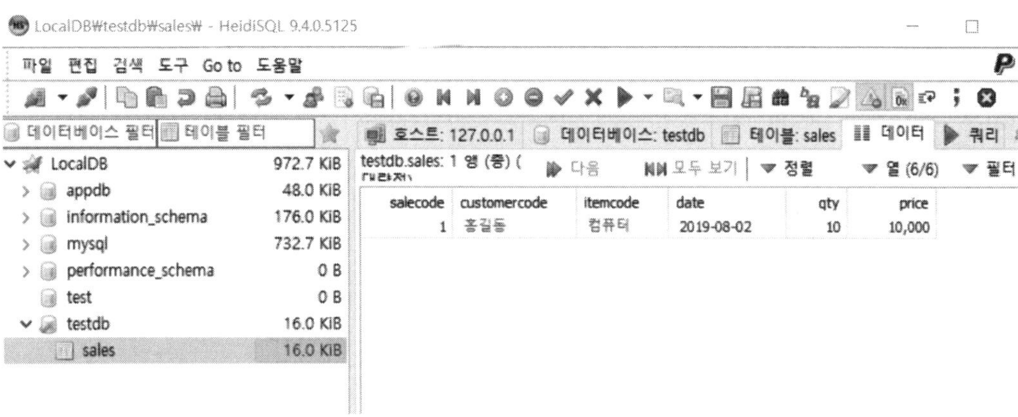

위 코드의 설명은 아래와 같다.

코드	string connStr = "Server=localhost;Uid=root;Database=testdb;port=3306;Pwd=****";
설명	Mariadb 에 접속하기위한 정보 문자열을 생성하는 코드이다. localhost 는 현재 컴퓨터를 의미하고, Uid와 Pwd는 사용자이름과 비밀번호를 설정하는 것이다. Database는 사용할 논리적 데이터베이스를 선택하는 것이다.

코드	MySqlConnection conn = new MySqlConnection(connStr); conn.Open();
설명	Mariadb 에 접속할 객체를 생성한다. 그리고 생성된 객체를 이용하여 실제 통신연결을 오픈한다. 데이터베이스에 연결하여 데이터를 주고 받을려면 꼭 Open() 메소드를 실행해야 한다.

코드	string query = "insert into sales (salecode,customercode,itemcode,date,qty,price) values (1,\"홍길동\",\"컴퓨터\",\"2019-08-02\",10,10000)";
설명	데이터베이스에 보낼 SQL문을 문자열로 생성한다. 문자열에서 특수문자를 사용하려면 앞쪽에 "\"기호를 넣어야 한다.

코드	MySqlCommand cmd = new MySqlCommand(query, conn);
설명	현재 연결된 데이터베이스(conn객체)와 SQL문(query)를 이용하여, 데이터베이스에 명령문을 보내는 객체(cmd)를 생성한다.

코드	cmd.ExecuteNonQuery();
설명	데이터베이스에 명령문을 보낸다.

코드	conn.Close();
설명	데이터베이스 연결을 끊는다. 데이터베이스를 사용하고 나서 항상 Close()를 호출 해주어야 한다. 하지 않는 경우 다음에 데이터베이스를 사용하는데 에러가 발생할 수 있다.

2) 데이터 행 수정 예제

① 앞에서 사용한 dbtest 예제 코드를 아래와 같이 수정한다. 다른코드는 동일하고 사각형 SQL 문자열만 수정한다.

```
using System;
using System.Collections.Generic;
using System.Linq;
using System.Text;
using System.Threading.Tasks;
using MySql.Data.MySqlClient;

namespace dbtest
{
 class Program
 {
  static void Main(string[] args)
  {
```

```
    string connStr =
     "Server=localhost;Uid=root;Database=testdb;port=3306;Pwd=****";
    MySqlConnection conn = new MySqlConnection(connStr);
    conn.Open();
    string query="update sales set itemcode=\"노트북\"
     where itemcode=\"컴퓨터\" ";
    MySqlCommand cmd = new MySqlCommand(query, conn);
    cmd.ExecuteNonQuery();
    conn.Close();
   }
  }
}
```

② 빌드 > 솔루션 빌드를 눌러 컴파일과 실행파일을 생성하고, 위쪽 삼각형 시작버튼을 눌러 실행해 본다. MariaDB에서 item이 노트북으로 수정된 것을 확인한다.

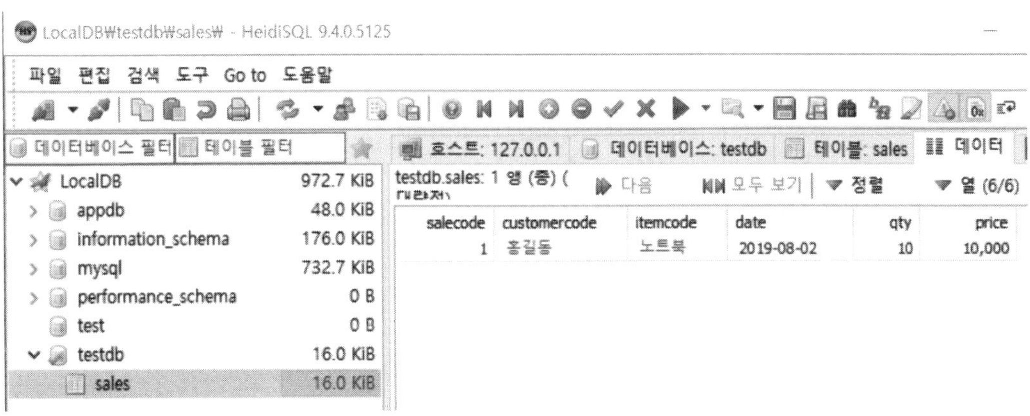

3) 데이터 행 조회 예제

① 앞에서 사용한 dbtest 예제 코드를 아래와 같이 수정한다. 다른 코드는 동일하고 사각형 코드만 수정한다.

```
using System;
using System.Collections.Generic;
using System.Linq;
```

```
using System.Text;
using System.Threading.Tasks;
using MySql.Data.MySqlClient;

namespace dbtest
{
 class Program
 {
  static void Main(string[] args)
  {
   string connStr =
    "Server=localhost;Uid=root;Database=testdb;port=3306;Pwd=****";
   MySqlConnection conn = new MySqlConnection(connStr);
   conn.Open();
   string query="select * from sales";
   MySqlCommand cmd = new MySqlCommand(query, conn);
   MySqlDataReader r = cmd.ExecuteReader();
   while ( r.Read() )
   {
    Console.WriteLine(r[0].ToString() + "," + r[1].ToString() + ","
     + r[2].ToString()+","+r[3].ToString()+","
     + r[4].ToString()+","+r[5].ToString());
   }
   r.Close();
   conn.Close();
  }
 }
}
```

② 빌드 > 솔루션 빌드를 눌러 컴파일과 실행파일을 생성하고, 위쪽 삼각형 시작버튼을 눌러 실행해 본다. 실행창에 조회결과가 출력되는 것을 확인한다.

```
1,홍길동,컴퓨터,2019-08-02 오전 12:00:00,10,10000
```

위 코드의 설명은 아래와 같다.

코드	`MySqlDataReader r = cmd.ExecuteReader();`
설명	조회문(select * from sales)을 실행하고 그 결과를 r이라는 객체에 저장한다.

코드

```
while ( r.Read() )
{
 Console.WriteLine(r[0].ToString() + "," + r[1].ToString() + ","
  + r[2].ToString()+","+r[3].ToString()+","
  + r[4].ToString()+","+r[5].ToString());
}
```

설명

조회결과가 여러 개의 행으로 표현되는 경우 행 이동을 하기 위해 Read() 메소드를 사용한다. 행이 있으면 true 없으면 false 가 리턴되므로 while 반복문을 사용하여 각 행의 결과를 화면에 출력하는 코드이다.

또한 각 행은 여러 개의 필드로 나누어 지는데 각 필드에 접근하기 위해서는 배열의 인덱스로 접근하는 것처럼 r[번호]를 사용한다. r[0]은 첫 번째 필드를 의미한다. 각 필드를 ToString() 메소드로 문자변환을 한 후 화면에 출력하였다.

코드	`r.Close();`
설명	r 객체 사용을 정지한다.

4) 데이터 행 삭제 예제

① 앞에서 사용한 dbtest 예제 코드를 아래와 같이 수정한다. 다른코드는 동일하고 사각형 SQL 문자열만 수정한다.

```
using System;
using System.Collections.Generic;
using System.Linq;
using System.Text;
using System.Threading.Tasks;
using MySql.Data.MySqlClient;

namespace dbtest
{
 class Program
 {
  static void Main(string[] args)
  {
   string connStr =
    "Server=localhost;Uid=root;Database=testdb;port=3306;Pwd=****";
   MySqlConnection conn = new MySqlConnection(connStr);
   conn.Open();
   string query="delete from where itemcode=\"노트북\" ";
   MySqlCommand cmd = new MySqlCommand(query, conn);
   cmd.ExecuteNonQuery();
   conn.Close();
  }
 }
}
```

② 빌드 > 솔루션 빌드를 눌러 컴파일과 실행파일을 생성하고, 위쪽 삼각형 시작버튼을 눌러 실행해 본다. MariaDB에서 행데이터가 삭제된 것을 확인한다.

Chapter 6

경영정보시스템 프로그래밍

6.1 영업관리시스템

1) 영업관리 개요

영업관리란 일반적으로 고객으로부터 주문을 받고 물건을 납품 후 대금을 회수하는 업무를 말한다. 일반적인 영업관리프로세스는 아래표와 같다. 아래 업무 외에도 판매예측 및 고객관리 등의 부가적인 업무를 하기도 한다.

단계	설명
수주단계	고객으로부터 수주를 받는다. 유통기업일 경우 필요한 재고를 확인하고 재고가 없으면 구매의뢰를 하게 된다. 제조기업인 경우 생산의뢰를 하게 된다.
매출단계	품목이 준비되면 거래명세서를 작성하고 판매품목과 함께 고객에게 전달된다. 이때 매출이 발생하고 회사에서는 세금계산서를 발행하여 거래명세서와 함께 고객에게 전달된다. 물품대금은 미수금으로 처리된다.
수금단계	판매대금이 입금되면 해당 매출의 영업프로세스가 종료된다.

경영정보시스템에서 다루는 영업관리업무는 아래 표와 같이 기본정보관리와 영업프로세스관리로 나누어 질 수 있다.

구분	설명
기본정보관리	판매품목 리스트 관리, 고객 리스트관리, 판매단가 관리 등을 진행한다. 관리 빈도는 적다.
영업프로세스관리	수주를 등록하고 다른 부서에 출하의뢰하는 업무, 거래명세서 및 세금계산서를 작성하고 납품하는 업무, 대금을 회수하는 업무들 포함한다. 반복적으로 발생하고 빈도가 많은 업무이다.

본 실습에서는 영업관리를 단순하게 정의하여 아래와 같은 업무 프로세스를 진행하는 시스템을 만들어 본다.

영업프로세스	매출등록	매출건이 발생한 경우 정보를 저장한다.
	매출취소	매출건이 취소된 경우 정보를 삭제한다.
영업분석	고객매출분석	일정기간동안 고객별 구매금액을 분석하여 고객관리 및 마케팅에 활용한다.
	제품매출분석	일정기간동안 제품별 판매금액을 분석하여 제품기획 및 생산계획에 활용한다.

시스템을 위한 데이터베이스 테이블은 아래와 같다.

테이블명: sales	
필드명	**설명**
salecode	매출건에 대한 고유한 숫자. 주키로 지정한다.
customer	고객명
item	상품명
date	매출날짜
qty	판매개수
price	판매금액

2) 영업관리 데이터베이스 만들기

아래 그림과 같이 HeidiSQL를 실행하고 MariaDB 에 접속한다.

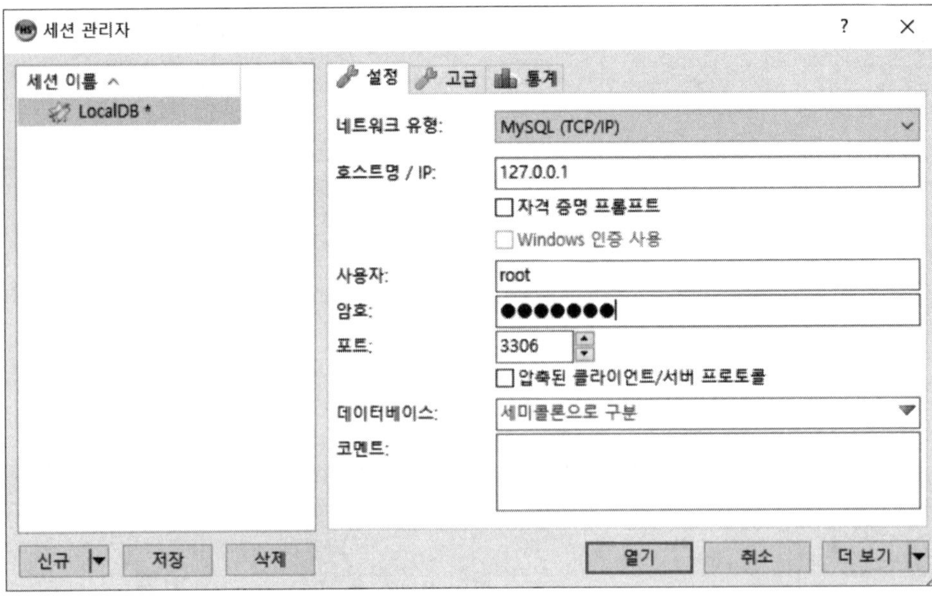

LocalDB에서 오른쪽 마우스클릭하면 나타나는 메뉴에서 [새로생성]을 클릭하여 데이터베이스를 생성하고 이름은 appdb라고 입력한다. 또한 아래 그림과 같은 sales 테이블을 생성한다. salecode 필드는 주키(primary key)로 설정되어서 각 행을 대표하는 데이터가 되어 중복이 불가능하다.

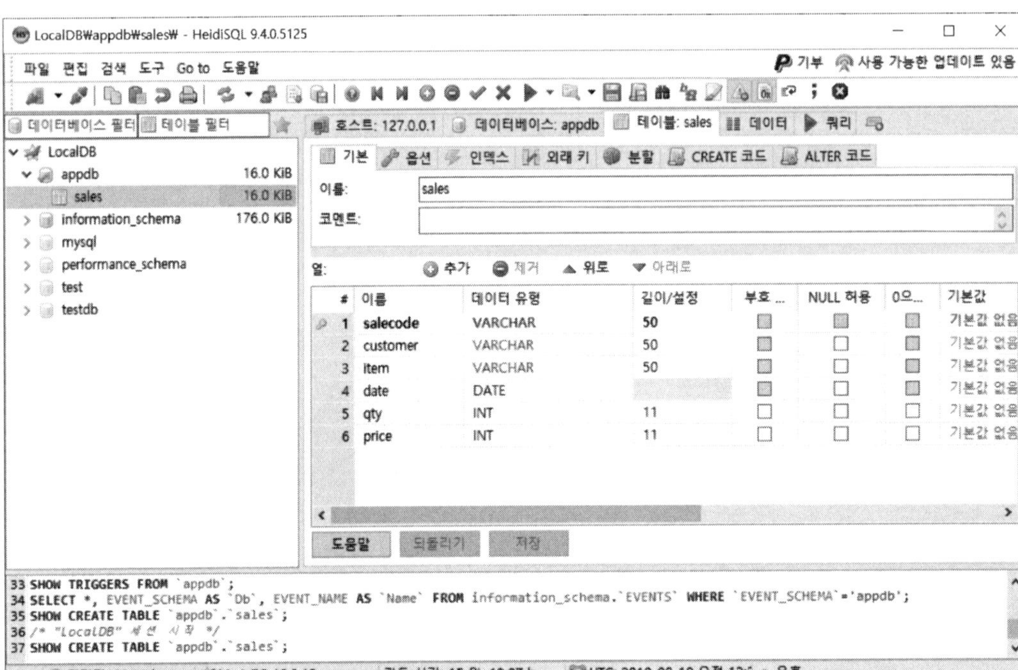

3) 화면설계

Visual Studio에서 Windows Forms 앱 프로젝트를 생성하고 아래와 같은 화면을 디자인 한다.

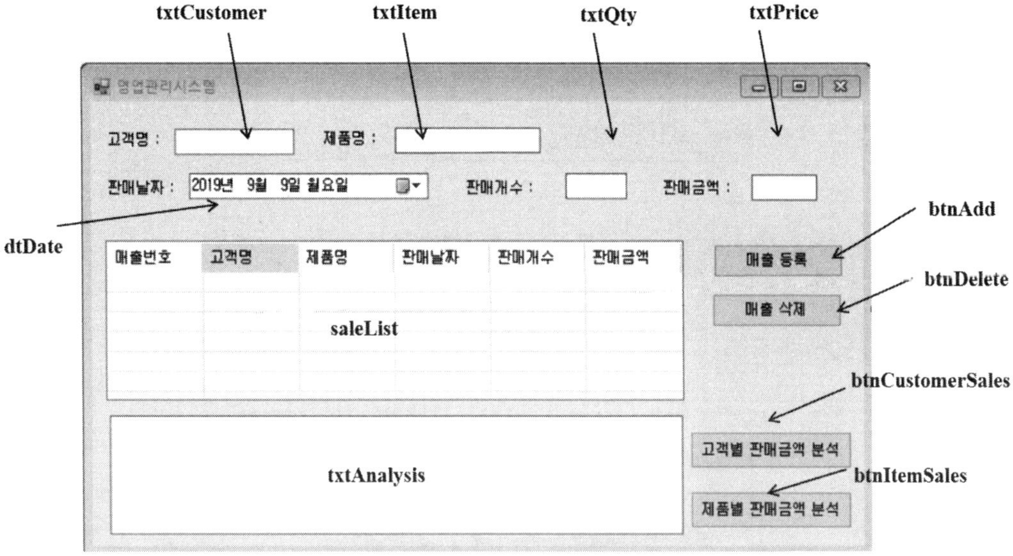

txtAnalysis 의 MultiLine 속성을 True로 설정하고, saleList의 ListView의 세가지 속성을 아래와 같이 설정 한다.

속성 이름	값
FullRowSelect	true
GridLine	true
View	Details

리스트뷰의 열 등록은 아래 그림처럼 Columns 속성을 클릭하고, 등록윈도우에서 추가 하면 된다. 각 Column의 Text속성은 그림과 같이 입력하고 Width은 모두 80으로 입력한다.

Column Text	Width
매출번호	80
고객명	80
제품명	80
판매날짜	80
판매개수	80
판매금액	80

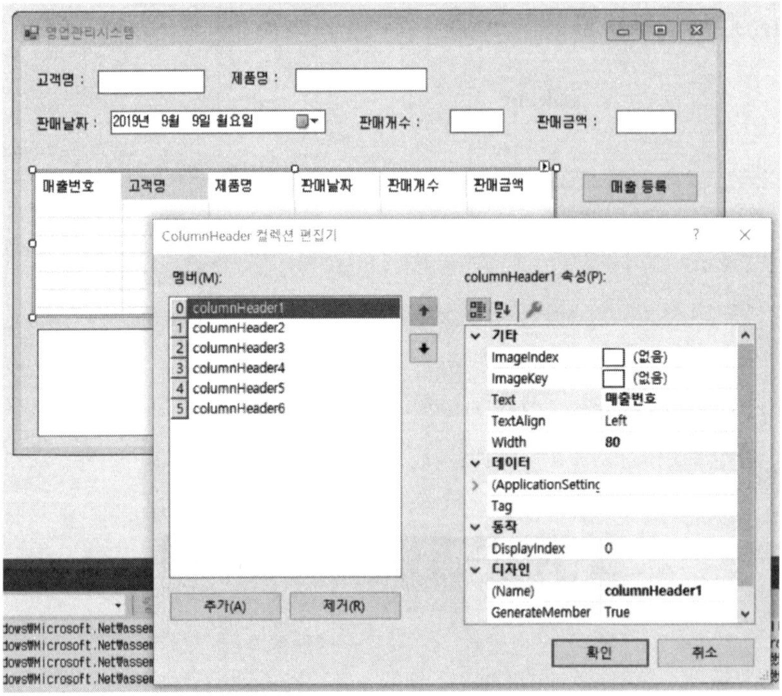

4) 메소드 설계

① 데이터베이스 연결을 위한 준비

왼쪽 솔루션 탐색기에서 프로젝트이름 아래 참조를 오른쪽 마우스 클릭하고 참조추가 메뉴를 클릭한다. 아래 그림처럼 어셈블리 > 확장에서 MySql.Data를 클릭하고 확인버튼을 누른다.

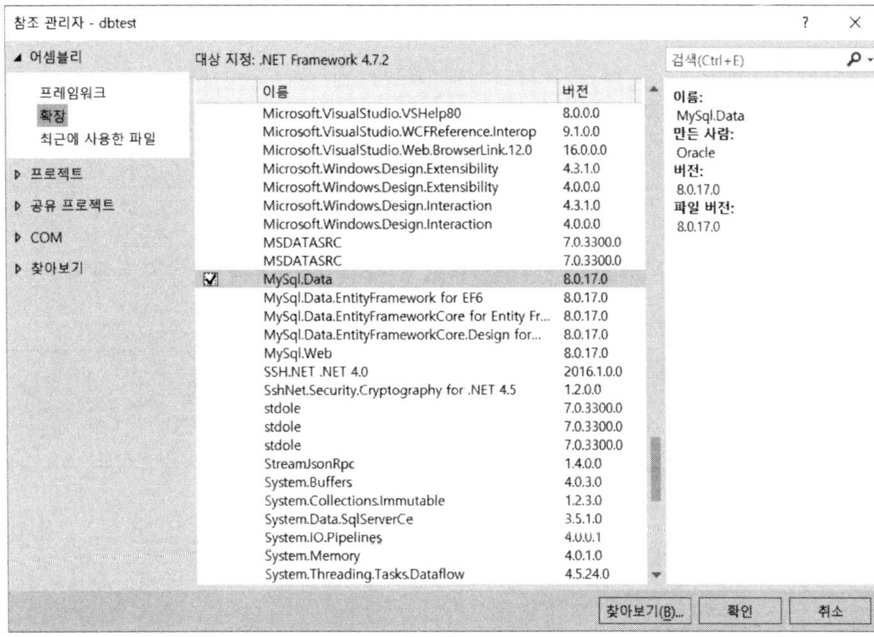

Visual C# 2010 Express 인 경우 참조추가 > 찾아보기 탭에서 아래 폴더에 있는 MySql. Data.dll 파일을 선택해 준다.

C:\Program Files (x86)\MySQL\MySQL Connector Net 6.8.6\Assemblies\v4.0

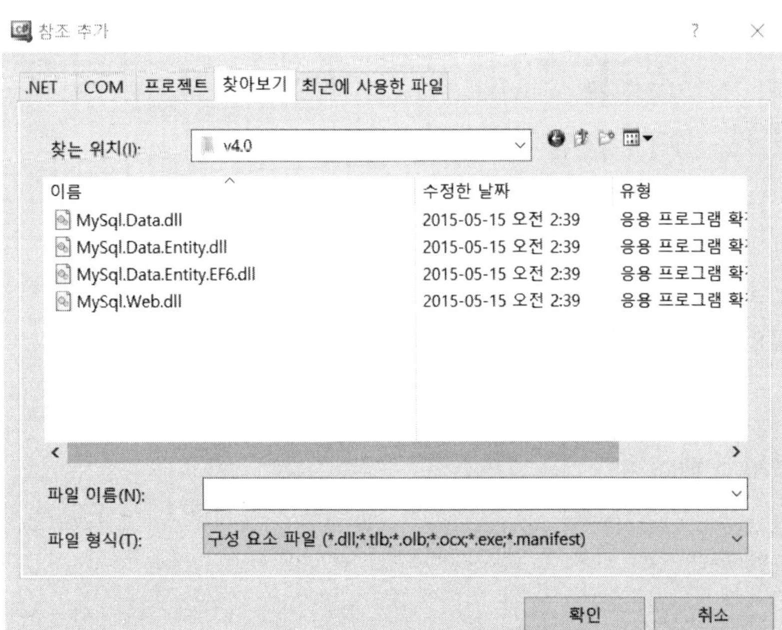

Form1.cs 파일을 열어 상단에 아래와 같은 using 문을 넣는다.

```
using MySql.Data.MySqlClient;
```

또한 컴퓨터에 설치된 MariaDB 연결을 위한 문자열을 아래와 같이 입력한다.

```
string connStr
="Server=localhost;Uid=root;Database=appdb;port=3306;Pwd=******";
```

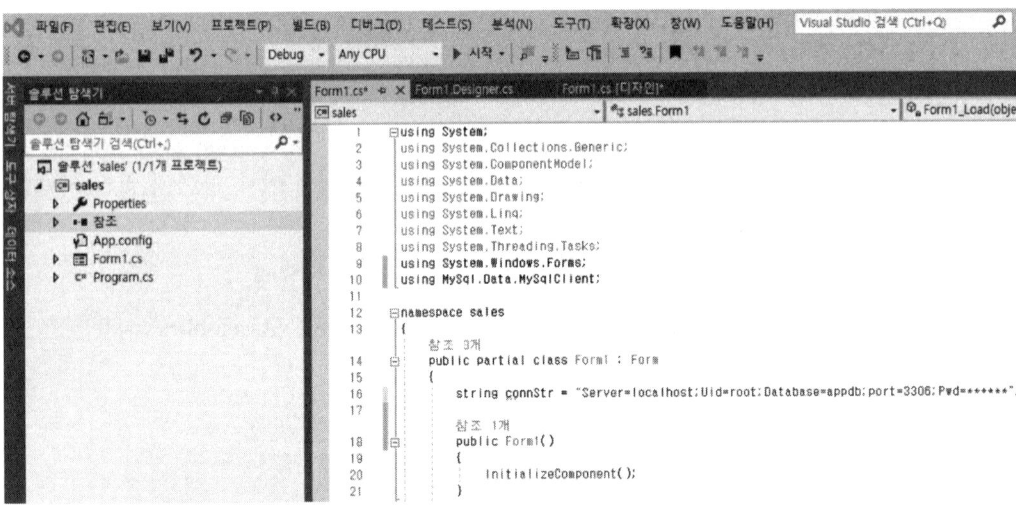

② LoadList() 메소드 작성

서버에 접속하여 sales 테이블 데이터를 조회하여 sailList ListView에서 출력하는 메소드를 아래와 같이 입력한다.

```
public void LoadList()
{
 saleList.Items.Clear();
 MySqlConnection conn = new MySqlConnection(connStr);
 conn.Open();
```

```
string query = "select * from sales";
MySqlCommand cmd = new MySqlCommand(query, conn);
MySqlDataReader r = cmd.ExecuteReader();
string[] fields = new string[6];
while (r.Read())
{
  for (int i = 0; i < 6; i++) fields[i] = r[i].ToString();
  fields[3] = fields[3].Substring(0,10);
  ListViewItem row = new ListViewItem(fields);
  saleList.Items.Add(row);
}
conn.Close();
}
```

세부코드 설명은 아래와 같다.

코드	`MySqlConnection conn = new MySqlConnection(connStr);` `conn.Open();`
설명	데이터베이스 서버에 접속하는 conn 객체를 만들고 통신을 오픈한다.

코드	`saleList.Items.Clear();`
설명	모든 매출데이터를 보여주는 ListView 인 saleList 행 데이터를 모두 삭제한다.

코드	`string query = "select * from sales";` `MySqlCommand cmd = new MySqlCommand(query, conn);`
설명	데이터베이스 서버에 보내줄 조회문과 조회를 실행할 객체 cmd를 생성한다.

코드	`MySqlDataReader r = cmd.ExecuteReader();`
설명	cmd를 통해 서버에 조회문을 보내고 결과값을 받아 r객체에 저장한다.

코드	`string[] fields = new string[6];`
설명	ListView의 한 행에 6개의 문자열 데이터를 저장하는 배열변수 fields를 생성한다.

코드	`while (r.Read())`
	`{`
	`  반복할 내용`
	`}`
	`conn.Close();`

설명	r의 Read() 메소드를 실시하면 조회결과를 줄 단위로 가져올 수 있다. 조회결과의 마지막 줄에서는 r.Read() 에서 false가 리턴되므로 while 반복문이 정지되게 된다. 마지막에 데이터베이스 접속을 닫는다.

코드	`for (int i = 0; i < 6; i++) fields[i] = r[i].ToString();`
설명	조회 결과에서 i번째 열을 문자로 변환하여 i번째 fields배열에 복사한다.

코드	`fields[3] = fields[3].Substring(0,10);`
설명	4번째 열은 날짜 및 시간데이터가 있으므로 앞쪽 날짜 데이터만 사용하도록 앞쪽 10개 문자만 추출한다.

코드	`ListViewItem row = new ListViewItem(fields);` `saleList.Items.Add(row);`
설명	ListView에 행 데이터를 등록하려면 ListViewItem 객체를 생성해서 saleList.Items.Add() 메소드에 넣어 주어야 한다.

③ Form1_Load() 이벤트 핸들러 작성

최초 화면이 생성되면서 매출데이터를 조회하여 화면에 출력되도록 하기 위해 아래와 같은 코드를 입력한다. 윈도우를 더블클릭하면 이벤트 핸들러가 자동 생성된다.

```
private void Form1_Load(object sender, EventArgs e)
{
 LoadList();
}
```

최초 프로그램을 실행하면 아래와 같이 현재 매출건이 모두 조회되어 출력된다.

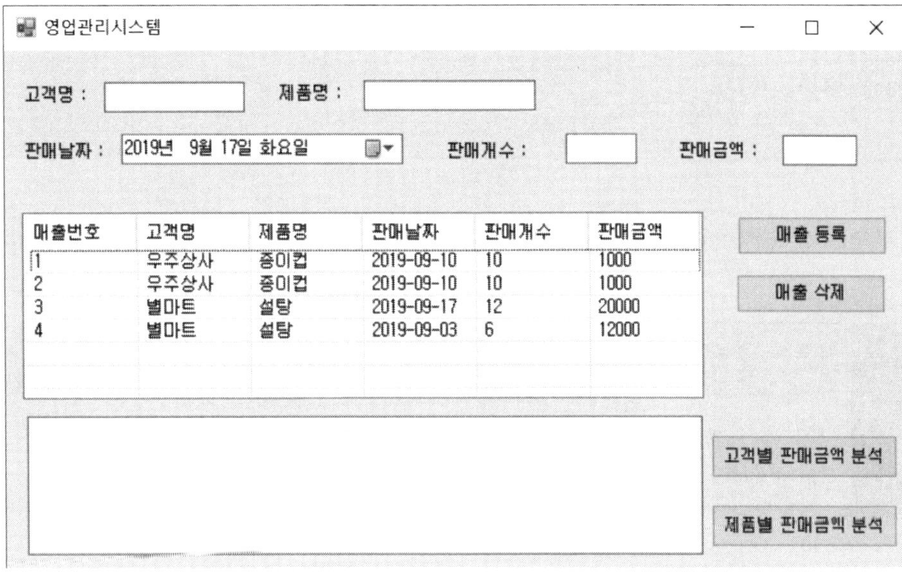

④ NewSaleCode() 메소드 작성

새로운 매출건을 등록하기 위하여 salecode를 생성하는 메소드이다. 현재 매출데이터에서 다른 salecode와 중복되지 않도록, 기존 salecode의 최대값에 +1을 더해서 만든다. SQL문은 아래와 같다.

```
select max(salecode)+1 from sales
```

선제 코드는 아래와 같다.

```
public int NewSaleCode()
{
  MySqlConnection conn = new MySqlConnection(connStr);
  conn.Open();
  string query = "select max(salecode)+1 from sales";
  MySqlCommand cmd = new MySqlCommand(query, conn);
  MySqlDataReader r = cmd.ExecuteReader();
  r.Read();
  int salecode = 1;
  if(r[0].ToString().Length > 0) salecode = Int32.Parse(r[0].ToString());
```

```
    r.Close();
    return salecode;
}
```

세부코드 설명은 아래와 같다. (앞 절에서 설명된 SQL 객체내용은 생략됨)

코드	int salecode = 1; if(r[0].ToString().Length > 0) salecode = Int32.Parse(r[0].ToString());
설명	조회결과의 r[0]을 정수로 변경해서 salecode 생성한다. 그러나 데이터가 없는 경우에는 r은 null 이 반환되어 r[0]의 문자열 길이는 0 이 된다. 이 경우 salecode 는 초기값 1이 사용된다.

⑤ BtnAdd_Click( ) 이벤트 핸들러 작성

화면에 설정된 내용을 이용하여 새로운 매출 건을 등록하는 메소드를 작성한다. 매출등록 버튼을 마우스 더블클릭하고 아래 코드를 입력한다.

```
if(txtCustomer.Text.Length==0 || txtItem.Text.Length==0
  || txtQty.Text.Length==0 || txtPrice.Text.Length==0)
{
   MessageBox.Show("고객명, 품목, 수량 및 가격을 확인하세요");
   return;
}
int salecode = NewSaleCode();
string customer = txtCustomer.Text;
string item = txtItem.Text;
string date = dtDate.Value.Date.ToString("yyyy-MM-dd");
int qty = Int32.Parse(txtQty.Text);
int price = Int32.Parse(txtPrice.Text);

MySqlConnection conn= new MySqlConnection(connStr);
conn.Open();
string query
 =String.Format("insert into sales (salecode, customer,item,date,qty,price) " +
  "values ({0},\"{1}\",\"{2}\",\"{3}\",{4},{5})"
  ,salecode,customer,item,date,qty,price);
MySqlCommand cmd = new MySqlCommand(query, conn);
cmd.ExecuteNonQuery();
conn.Close();
```

```
LoadList();
```

세부코드 설명은 아래와 같다.

코드	`if(txtCustomer.Text.Length==0 || txtItem.Text.Length==0 || txtQty.Text.Length==0 || txtPrice.Text.Length==0) { MessageBox.Show("고객명, 품목, 수량 및 가격을 확인하세요"); return; }`
설명	매출건을 등록하기 위한 데이터가 없는 경우 안내메세지를 보여주고 메소드실행을 중지한다.

코드	`int salecode = NewSaleCode();`
	`string customer = txtCustomer.Text;`
	`string item = txtItem.Text;`
	`string date = dtDate.Value.Date.ToString("yyyy-MM-dd");`
	`int qty = Int32.Parse(txtQty.Text);`
	`int price = Int32.Parse(txtPrice.Text);`

설명	매출건 등록을 위한 데이터를 화면디자인 개체에서 가져오는 코드이다. 메출코드(salecode)는 NewSaleCode()메소드를 이용하여 데이터베이스 부터 번호를 받아 온다. 매출날짜는 DateTimePicker 개체에서 [년-월-일] 형식으로 받아온다.

코드	`string query =String.Format("insert into sales (salecode, customer,item,date,qty,price) " + "values ({0},\"{1}\",\"{2}\",\"{3}\",{4},{5})" ,salecode,customer,item,date,qty,price);`
설명	데이터를 등록하는 insert SQL문을 생성하는 코드이다.

코드	`cmd.ExecuteNonQuery();`
설명	insert, update, delete SQL문을 실행할 때는 ExecuteNonQuery() 메소들 사용한다.

⑥ BtnDelete_Click() 이벤트 핸들러 작성

sailList ListView에서 선택된 매출건을 삭제하는 메소드이다. 매출삭제 버튼을 마우스 더블클릭하고 아래 코드를 입력한다. 실제 동작은 데이버베이스에서 해당 매출데이터를 삭제하고 전체 매출리스트를 다시 조회하게 된다.

```
private void BtnDelete_Click(object sender, EventArgs e)
{
 if (saleList.SelectedItems.Count > 0)
 {
   string salecode = saleList.SelectedItems[0].SubItems[0].Text;
   MySqlConnection conn = new MySqlConnection(connStr);
   conn.Open();
   string query =
    String.Format("delete from sales where salecode=\"{0}\"", salecode);
   MySqlCommand cmd = new MySqlCommand(query, conn);
   cmd.ExecuteNonQuery();
   conn.Close();
   LoadList();
 }
}
```

세부코드 설명은 아래와 같다.

코드	`if (saleList.SelectedItems.Count > 0) { ... }`
설명	saleList에서 아이템이 선택된 경우만 삭제를 하도록 하는 조건문이다.

코드	`string salecode = saleList.SelectedItems[0].SubItems[0].Text;`
설명	삭제할 매출번호를 가져오는 코드이다. 선택된 첫 번째 행은 SelectedItems[0]으로 접근할 수 있으며, 매출번호(첫 번째 열)는 SubItems[0]으로 으로 접근할 수 있다. 최종개체의 Text 속성을 참조하게 된다.

코드	string query = String.Format("delete from sales where salecode=\"{0}\"", salecode);
설명	매출번호로 해당 데이터를 삭제하는 SQL문을 생성하는 코드이다.

⑦ BtnCustomerSales_Click() 이벤트 핸들러 작성

고객별 누적판매금액을 분석하는 메소드이다. 아래 그림과 같이 화면에 결과가 테스트 형식으로 출력됨. "고객별 판매금액 분석"버튼을 마우스 더블클릭하고 아래 코드를 입력한다.

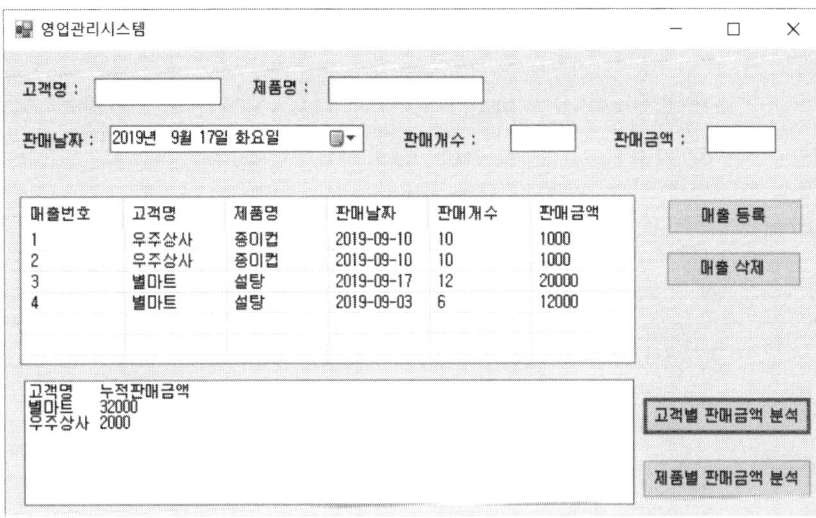


```
private void BtnCustomerSales_Click(object sender, EventArgs e)
{
  txtAnalysis.Text = "";
  MySqlConnection conn = new MySqlConnection(connStr);
  conn.Open();
  string query
   = "select customer,sum(price) from sales group by customer";
  MySqlCommand cmd = new MySqlCommand(query, conn);
  MySqlDataReader r = cmd.ExecuteReader();
  txtAnalysis.Text = "고객명\t누적판매금액\r\n";
  while (r.Read())
  {
    string row
     = String.Format("{0}\t{1} \r\n", r[0].ToString(), r[1].ToString());
```

```
    txtAnalysis.Text += row;
  }
  conn.Close();
}
```

세부코드 설명은 아래와 같다.

코드	`txtAnalysis.Text = "";`
설명	결과 분석 화면을 비우는 코드이다.

코드	`string query = "select customer,sum(price) from sales group by customer";`
설명	고객별 누적판매금액을 데이터베이스로부터 가져오는 SQL문을 생성하는 코드이다.

코드	`txtAnalysis.Text = "고객명\t누적판매금액\r\n";`
설명	결과화면 상단에 열제목을 출력하는 코드임. "\t"은 탭띄어쓰기를 나타내는 특수문자이고, "\r\n"은 줄바꾸기를 나타내는 특수문자임.

코드:

```
while (r.Read())
{
  string row
  = String.Format("{0}\t{1} \r\n", r[0].ToString(), r[1].ToString());
  txtAnalysis.Text += row;
}
```

설명: SQL 결과를 한 행씩 읽어서 결과화면에 출력하는 코드임.

⑧ BtnItemSales_Click() 이벤트 핸들러 작성

상품별 누적판매금액을 분석하는 메소드이다. 결과 화면에 테스트 형식으로 출력된다. "제품별 판매금액 분석" 버튼을 마우스 더블클릭하고 아래 코드를 입력한다.

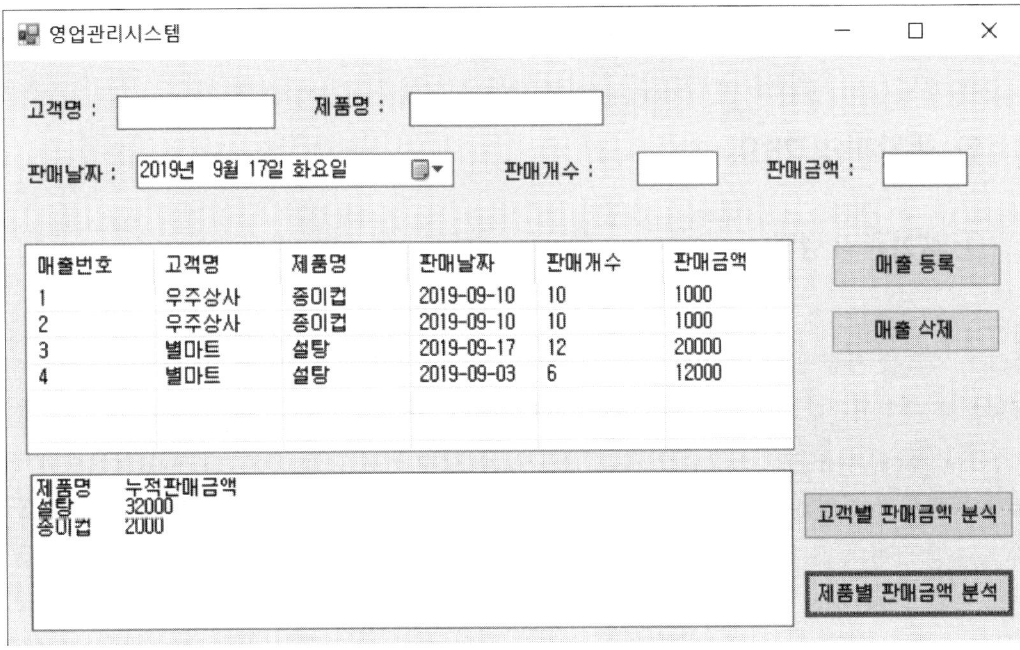


```
private void BtnItemSales_Click(object sender, EventArgs e)
{
  txtAnalysis.Text = "";
  MySqlConnection conn = new MySqlConnection(connStr);
  conn.Open();
  string query = "select item,sum(price) from sales group by item";
  MySqlCommand cmd = new MySqlCommand(query, conn);
  MySqlDataReader r = cmd.ExecuteReader();
  txtAnalysis.Text = "제품명\t누적판매금액\r\n";
  while (r.Read())
  {
    string row
    = String.Format("{0}\t{1} \r\n", r[0].ToString(), r[1].ToString());
    txtAnalysis.Text += row;
  }
  conn.Close();
}
```

6.2 생산관리시스템

1) 생산관리 개요

① 생산관리 정의

제조기업이란 제품을 생산하고, 판매하여 이윤을 추구하는 조직이다. 생산은 설비를 사용하여 재료를 가공 및 조립하는 제조활동과, 생산을 계획하고 원활한 진행을 돕는 생산관리활동으로 이루어진다. 제조기업은 이익을 많이 만들어 내기 위해서는 적은 비용으로 제품을 생산하고, 품질 좋은 제품을 만들어야 한다. 그렇게 하기 위해서는 제조활동과 생산관리활동을 효율적으로 진행해야 할 필요성이 있다. 효율적인 제조활동은 좋은 설비와 작업자를 통해 가능할 것이며, 효율적인 생산관리활동은 생산관리도구와 관리자에 의하여 가능하다. 결과적으로 생산관리란 적절한 생산관리도구를 사용하여 생산을 계획하고 진행을 효율적으로 운영하는 것이라 정의 할 수 있다. 여기서 생산관리도구는 생산업무방법론을 나타내는 이론적인 측면과 생산관리소프트웨어와 같은 도구측면을 내포하고 있다.

앞에서 생산관리는 생산에 대한 계획과 진행을 효율적으로 운영하는 것이라 설명하였다. 여기서 효율적 운영은 여러가지 목적을 내포하고 있지만, 가장 핵심적인 것은 제품이 적절한 시기에, 필요한 양만큼 생산이 완료되는 것을 말한다. 즉 예를 들면 유통업체에 4월 21일에 제품 32개를 납품하려면 기업에서는 4월 20일까지 제품 32개를 생산 완료해야 할 것이다. 이러한 적절한 시기, 정확한 제품 수량을 달성하기 위해서 생산관리에서는 아래와 같은 핵심적인 관리가 필요하다.

생산관리의 핵심적인 관리 내용
• 최종 생산량을 달성하기 위하여 세부적인 작업활동에 대한 계획을 작성해야 함. ➔ 생산작업계획 생성 • 생산에 필요한 자재가 무엇인지 파악하고, 적절한 시기에 자재를 공급해주어야 한다. ➔ 자재소요계획 생성 • 생산작업계획에 따라 작업을 진행하도록 현장에 전달하고, 생산이 진행되는 동안 각각의 제조활동이 정해진 시간에 완료가 되었는지 파악하고, 만일 지연되었다면 최종적인 생산목표에 지장이 없도록 적절한 조치를 취하여 한다. ➔ 생산실적관리

② 생산작업계획

최종제품의 생산완료시기 및 수량이 결정되면, 세부작업계획이 역산출되어 제품생산계획이 생성되어져야 한다. 예를 들어 테블릿피씨를 생산하는 업체가 4월 20일 까지 32대의 제품을 생산해야 한다. 생산에 대한 기초정보는 아래 표와 같다.

항목	세부 정보
자재구성정보 (BOM)	테블릿PC는 메인보드, 케이스, 액정을 조립작업하여 생산함
작업장 (워크센터)	조립작업은 조립설비WC01, 조립설비WC02 두 대를 사용할 수 있으며, 각각 하루 8시간 작업 가능(작업시간은 오전 10시~오후 6시 까지)
제품별공정도	테블릿피씨제품을 1개 생산하기 위해 1시간의 조립작업이 필요함

테블릿피씨 32개를 생산하기 위해서는 총 32시간의 조립작업이 필요하고, 작업장이 2개 있고, 각 작업장마다 8시간 작업할 수 있으므로 이틀간의 작업이 필요하므로 하루 전부터 작업을 시작해야 20일까지 완료될 수 있다. 그러므로 4월 20일까지 32대를 생산하기 위한 세부작업계획은 아래 표와 같다.

품목	일	
	19	20
조립설비WC01	10:00~18:00 테블릿피씨 8개 조립	10:00~18:00 테블릿피씨 8개 조립
조립설비WC02	10:00~18:00 테블릿피씨 8개 조립	10:00~18:00 테블릿피씨 8개 조립

③ 자재소요계획

위 작업계획에 따라 4월 20일까지 32대를 생산하기 위해서 19일과 20일에 각각 16개의 테블릿피씨를 생산해야 하며 결과적으로 테블릿피씨를 조립하기 위한 자재도 16개가 소요되어야 한다. 결과적으로 아래 표와 같은 자재소요계획이 생성되며, 자재소요계획에 따라 19일과 20일에 필요한 자재가 사용될 수 있도록 자재구매가 이루어져야 한다. 예를 들어 자재의 구매납기소요일이 2일 이라면 17일경에 미리 구매프로세스가 진행되어 19일까지 작업시작전에 자재준비가 완료되어 있어야 한다.

품목	일별 자재 소요량	
	19일	20일
메인보드	16	16
케이스	16	16
액정	16	16

④ 생산실적관리

앞에서 생성된 세부작업계획 및 자재소요계획이 완성되면, 생산작업이 실제적으로 진행되도록 해야하며, 주기적으로 진행상황을 살피고 필요한 조치를 취하여 생산에 차질이 없도록 해야 한다. 앞에서 작성된 세부작업계획에서 조립설비WC1, 조립설비WC2에서 작업자가 19일 20일에 정해진 조립작업을 하도록 지시하고, 또 주기적으로 작업진척도를 입력하여 언제든지 현황파악을 하도록 해야 한다. 또한 자재가 필요한 시점에 자재관리부서에 자재출고요청을 진행하고, 생산 중 불량품이 발생하거나 설비의 고장으로 생산을 진행하지 못한 경우 재작업을 지시할 수 있는 업무처리가 필요 하다. 이러한 생산진행의 전반적인 관리를 위한 업무정의 및 절차를 지원하는 것이 생산실적관리의 핵심이라고 할 수 있다.

본 실습에서는 생산관리를 단순하게 정의하여 아래와 같은 업무 프로세스를 진행하는 시스템을 만들어 본다.

생산관리 프로세스	생산계획등록	품목 및 작업장별 생산계획 등록
	생산계획취소	생산계획 취소
	생산완료등록	생산계획에 대한 생산완료 등록
생산실적조회	계획량 및 완료량 조회	품목별 계획량 및 완료량 조회
	진척율 조회	풍목별 생산진행율 분석(%)

시스템을 위한 데이터베이스 테이블은 아래와 같다.

테이블명: productions	
필드명	설명
procode	생산계획건에 대한 고유한 숫자. 주키로 지정한다.
item	품목
workcenter	생산작업장
qty	생산량
startdate	생산시작일
enddate	생산종료일, null 이면 생산미완료

2) 생산관리 데이터베이스 만들기

아래 그림과 같이 HeidiSQL를 실행하고 MariaDB 에 접속한다.

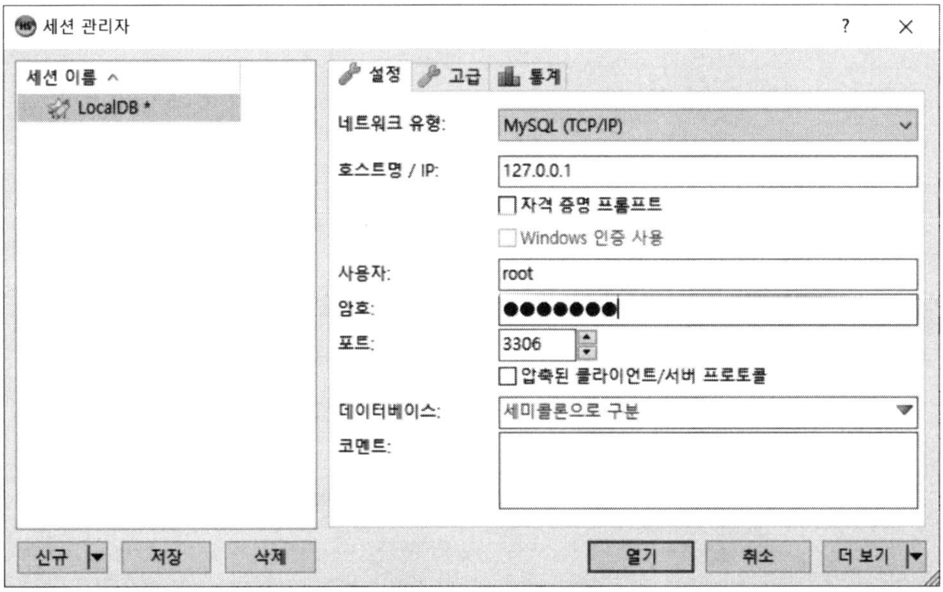

LocalDB에서 오른쪽 마우스클릭하면 나타나는 메뉴에서 [새로생성]을 클릭하여 데이터베이스를 생성하고 이름은 appdb라고 입력한다. 또한 아래 그림과 같은 productions 테이블을 생성한다. procode 필드는 주키(primary key)로 설정되어서 각 행을 대표하는 데이터가 되어 중복이 불가능하다.

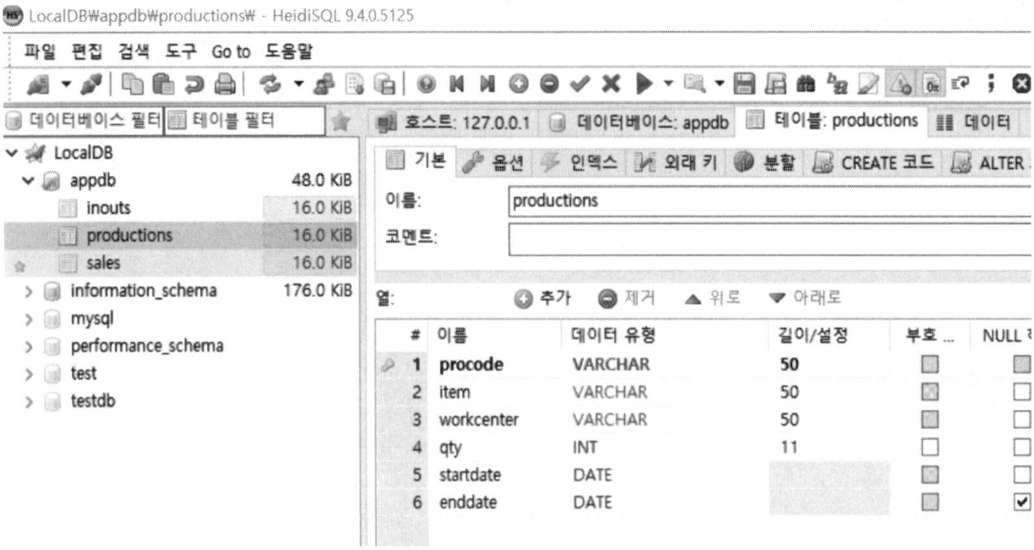

3) 화면설계

Visual Studio에서 Windows Forms 앱 프로젝트를 생성하고 아래와 같은 화면을 디자인한다.

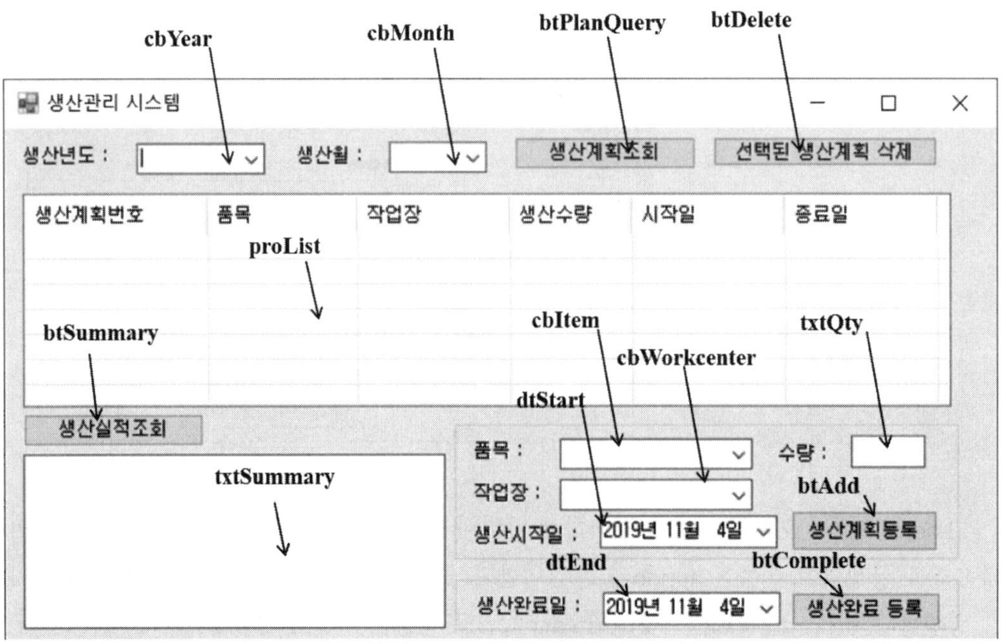

txtSummary 의 MultiLine 속성을 True로 설정하고, proList의 ListView의 세가지 속성을 아래와 같이 설정 한다.

속성 이름	값
FullRowSelect	true
GridLine	true
View	Details

리스트뷰의 열 등록은 Columns 속성을 클릭하고, 등록윈도우에서 추가하면 된다. 각 Column의 Text속성은 그림과 같이 입력한다.

Column Text	Width
생산계획번호	120
품목	100
작업장	100
생산수량	80
시작일	100
종료일	100

4) 메소드 설계

① 데이터베이스 연결을 위한 준비

왼쪽 솔루션 탐색기에서 프로젝트 이름 아래 참조를 오른쪽 마우스 클릭하고 참조추가 메뉴를 클릭한다. 아래 그림처럼 어셈블리 > 확장에서 MySql.Data를 클릭하고 확인버튼을 누른다.

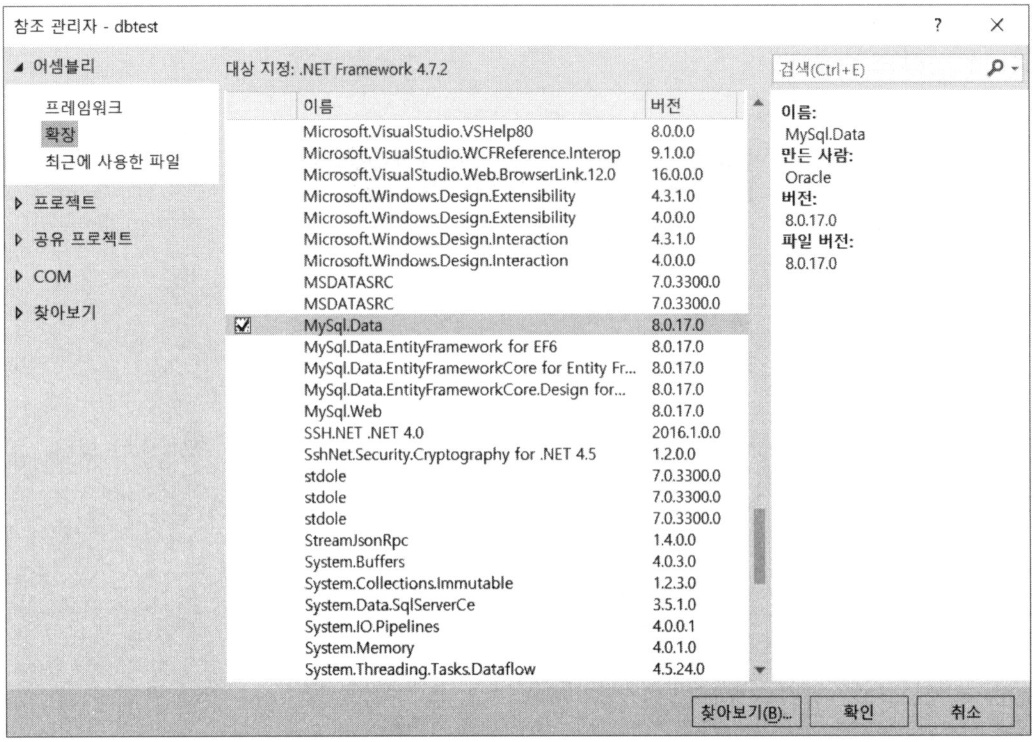

Form1.cs 파일을 열어 상단에 아래와 같은 using 문을 넣는다.

```
using MySql.Data.MySqlClient;
```

또한 컴퓨터에 설치된 MariaDB 연결을 위한 문자열을 아래와 같이 입력한다.

```
string connStr
= "Server=localhost;Uid=root;Database=appdb;port=3306;Pwd=******";
```

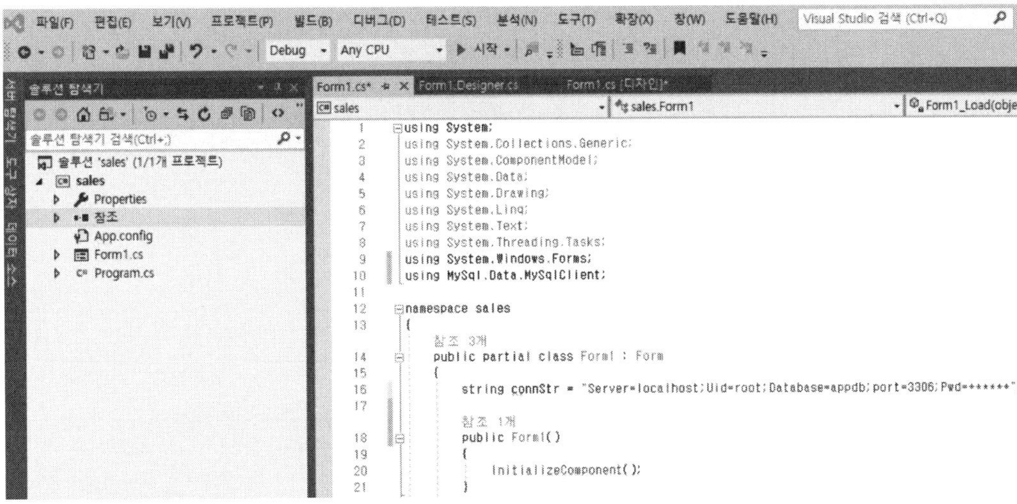

② LoadPlan() 메소드 작성

서버에 접속하여 현재 선택된 년도와 월에 해당하는 생산계획을 productions 테이블에서 조회하여 proList ListView에서 출력하는 메소드를 아래와 같이 입력한다.

```
public void LoadPlan()
{
 if (cbYear.SelectedItem == null || cbMonth.SelectedItem == null)
 {
  MessageBox.Show("년도와 월을 선택하세요");
  return;
 }
 string planYear = cbYear.SelectedItem.ToString();
 string planMonth = cbMonth.SelectedItem.ToString();
 proList.Items.Clear();
 MySqlConnection conn = new MySqlConnection(connStr);
 conn.Open();

 string query = String.Format("select * from productions where
  YEAR(startdate)={0} and MONTH(startdate)={1}",planYear,planMonth);
 MySqlCommand cmd = new MySqlCommand(query, conn);
 MySqlDataReader r = cmd.ExecuteReader();
 string[] fields = new string[6];
 while (r.Read())
 {
  for (int i = 0; i < 6; i++) fields[i] = r[i].ToString();
  fields[4] = fields[4].Substring(0, 10); // 뒤에 시간정보 제거
  if(fields[5].Length > 10)
```

```
        fields[5] = fields[5].Substring(0, 10); // 뒤에 시간정보 제거
      ListViewItem row = new ListViewItem(fields);
      proList.Items.Add(row);
    }
    conn.Close();
}
```

세부코드 설명은 아래와 같다.

코드	`if (cbYear.SelectedItem == null || cbMonth.SelectedItem == null)`
	`{`
	` MessageBox.Show("년도와 월을 선택하세요");`
	` return;`
	`}`

설명	년도와 월을 선택하지 않는 경우 알림메세지를 뛰우고 메소드를 종료한다.

코드	`string planYear = cbYear.SelectedItem.ToString();` `string planMonth = cbMonth.SelectedItem.ToString();`
설명	현재 선택된 년도와 월 정보를 가져온다.

코드	`string query = String.Format("select * from productions where YEAR(startdate)={0} and MONTH(startdate)={1}",planYear,planMonth);`
설명	생산계획에서 시작일이 선택된 년도와 월 정보와 일치하는 항목을 가져오는 쿼리문을 준비한다.

코드	`MySqlDataReader r = cmd.ExecuteReader();`
설명	cmd를 통해 서버에 조회문을 보내고 결과값을 받아 r객체에 저장한다.

코드	`if(fields[5].Length > 10)` `    fields[5] = fields[5].Substring(0, 10); // 뒤에 시간정보 제거`
설명	생산종료날짜가 있는 경우 시간정보를 제거하고 년월일 정보만 남긴다.

③ NewProCode() 메소드 작성

새로운 생산계획을 등록할때 입력할 생산계획번호를 생성하는 코드이다. 현재 생산계획 데이터에서 다른 procode와 중복되지 않도록, 기존 procode의 최대값에 +1을 더해서 만든다. SQL문은 아래와 같다.

```
select max(procode)+1 from productions
```

전체 코드는 아래와 같다.

```
public int NewProCode()
{
 MySqlConnection conn = new MySqlConnection(connStr);
 conn.Open();

 string query = "select max(procode)+1 from productions";
 MySqlCommand cmd = new MySqlCommand(query, conn);
 MySqlDataReader r = cmd.ExecuteReader();
 r.Read();
 int procode = 1;
 if (r[0].ToString().Length > 0) procode = Int32.Parse(r[0].ToString());
 r.Close();
 return procode;
}
```

세부코드 설명은 아래와 같다. (앞 절에서 설명된 SQL 객체내용은 생략됨)

코드	`int procode = 1;` `if (r[0].ToString().Length > 0) procode = Int32.Parse(r[0].ToString());`
설명	조회결과의 r[0]을 정수로 변경해서 procode를 생성한다. 그러나 데이터가 없는 경우에는 r은 null 이 반환되어 r[0]의 문자열 길이는 0 이 된다. 이 경우 procode 는 초기값 1이 사용된다.

④ BtAdd_Click() 이벤트핸들러 작성

화면에 설정된 내용을 이용하여 새로운 생산계획 건을 등록하는 메소드를 작성한다. 생산계획등록 버튼을 마우스 더블클릭하고 아래 코드를 입력한다.

```
private void BtAdd_Click(object sender, EventArgs e)
{
 if (cbItem.SelectedItem == null ||
  cbWorkcenter.SelectedItem == null || txtQty.TextLength==0)
 {
  MessageBox.Show("품목과 작업장 및 수량을 체크하세요");
  return;
 }
 int procode = NewProCode();
 string item = cbItem.SelectedItem.ToString();
 string wc = cbWorkcenter.SelectedItem.ToString();
 string date = dtStart.Value.Date.ToString("yyyy-MM-dd");
 int qty = Int32.Parse(txtQty.Text);

 MySqlConnection conn = new MySqlConnection(connStr);
 conn.Open();
 string query = String.Format("insert into productions
   (procode,item,workcenter,qty,startdate) " +
   "values ({0},\"{1}\",\"{2}\",\"{3}\",\"{4}\")"
   , procode, item, wc,qty,date);
 MySqlCommand cmd = new MySqlCommand(query, conn);
 cmd.ExecuteNonQuery();
 conn.Close();
 LoadPlan();
}
```

세부코드 설명은 아래와 같다.

코드	`if (cbItem.SelectedItem == null || cbWorkcenter.SelectedItem == null || txtQty.TextLength==0) { MessageBox.Show("품목과 작업장 및 수량을 체크하세요"); return; }`
설명	품목, 작업장 및 수량을 없는 경우 알림을 주고 메소드를 종료한다.

코드	`int procode = NewProCode();`
	`string item = cbItem.SelectedItem.ToString();`
	`string wc = cbWorkcenter.SelectedItem.ToString();`
	`string date = dtStart.Value.Date.ToString("yyyy-MM-dd");`
	`int qty = Int32.Parse(txtQty.Text);`

설명	새로운 생산계획 건 등록을 위한 데이터를 화면디자인 개체에서 가져오는 코드이다. 생산계획번호는 NewProCode() 메소드를 이용하여 데이터베이스로 부터 받아온다. 생산계획시작 날짜는 DateTimePicker 개체서는 [년-월-일] 형식으로 받아온다.

코드	`string query = String.Format("insert into productions`
	`(procode,item,workcenter,qty,startdate) " +`
	`"values ({0},\"{1}\",\"{2}\",\"{3}\",\"{4}\")"`
	`, procode, item, wc,qty,date);`

설명	생산계획을 등록하는 insert SQL문을 생성하는 코드이다.

⑤ BtnPlanQuery_Click( ) 이벤트 핸들러 작성

화면에서 선택된 년도와 월정보를 이용하여 생산계획을 조회하는 이벤트 핸들러이다. 앞에서 작성한 LoadPlan() 메소드를 단순히 실행한다.

```
private void BtPlanQuery_Click(object sender, EventArgs e)
{
 LoadPlan();
}
```

⑥ BtnDelete_Click( ) 이벤트 핸들러 작성

prolList ListView에서 선택된 생산계획 건을 삭제하는 메소드임. 삭제 버튼을 마우스 더블클릭하고 아래 코드를 입력한다. 실제 동작은 데이터베이스에서 해당 생산계획데이터를 삭제하고 전체 생산계획리스트를 다시 조회하게 된다.

```
private void BtnDelete_Click(object sender, EventArgs e)
{
 if (proList.SelectedItems.Count > 0)
```

```
  {
    string code = proList.SelectedItems[0].SubItems[0].Text;
    MySqlConnection conn = new MySqlConnection(connStr);
    conn.Open();
    string query = String.Format("delete from productions where
      procode=\"{0}\"", code);
    MySqlCommand cmd = new MySqlCommand(query, conn);
    cmd.ExecuteNonQuery();
    conn.Close();
    LoadPlan();
  }
}
```

세부코드 설명은 아래와 같다. 데이터베이스에서 특정 항목을 삭제하는 코드는 영업관리시스템과 유사하다.

코드	`if (proList.SelectedItems.Count > 0)`
	`{`
	`  ...`
	`}`

설명	proList에서 생산계획 건이 선택된 경우만 삭제를 하도록 하는 조건문이다.

⑦ BtnComplete_Click() 이벤트 핸들러 작성

선택된 생산계획의 생산완료날짜를 등록하는 이벤트 핸들러이다. 생산완료등록 버튼을 마우스 더블클릭하고 아래 코드를 입력한다. 실제 동작은 데이버베이스에서 해당 생산계획 데이터에서 enddate 를 수정하는 쿼리문을 사용한다.

```
private void BtComplete_Click(object sender, EventArgs e)
{
  if (proList.SelectedItems.Count > 0)
  {
    string code = proList.SelectedItems[0].SubItems[0].Text;
    string date = dtEnd.Value.Date.ToString("yyyy-MM-dd");
    MySqlConnection conn = new MySqlConnection(connStr);
    conn.Open();
    string query = String.Format("update productions set enddate
```

```
    =\"{0}\" where procode=\"{1}\"", date,code);
  MySqlCommand cmd = new MySqlCommand(query, conn);
  cmd.ExecuteNonQuery();
  conn.Close();
  LoadPlan();
 }
}
```

세부코드 설명은 아래와 같다.

코드	`string query = String.Format("update productions set enddate =\"{0}\" where procode=\"{1}\"", date,code);`
설명	선택된 생산계획 건의 enddate를 수정하는 SQL문을 생성하는 코드이다.

⑧ BtnSummary_Click() 이벤트 핸들러 작성

선택된 년도와 월에 해당하는 품목별 생산계획량, 완료량, 진척율을 분석하는 이벤트 핸들러 이다. 생산실적조회 버튼을 마우스 더블클릭하고 아래 코드를 입력한다. 실제 실행하면 아래와 같은 분석결과가 출력된다.

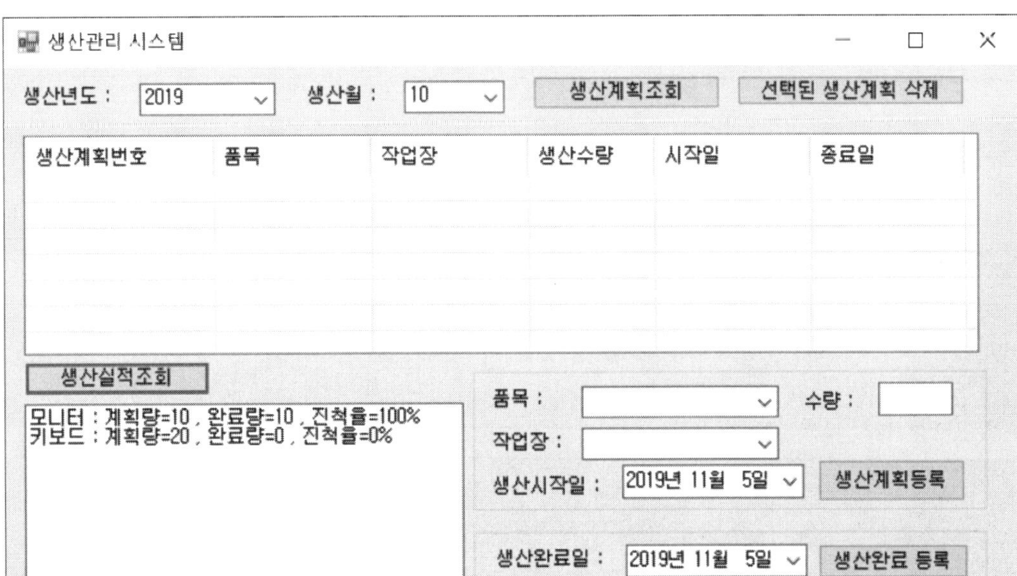

```
private void BtSummary_Click(object sender, EventArgs e)
{
 if (cbYear.SelectedItem == null || cbMonth.SelectedItem == null)
 {
  MessageBox.Show("년도와 월을 선택하세요");
  return;
 }
 string planYear = cbYear.SelectedItem.ToString();
 string planMonth = cbMonth.SelectedItem.ToString();
 txtSummary.Text = "";
 MySqlConnection conn = new MySqlConnection(connStr);
 conn.Open();
 string query = String.Format("select distinct(item) from productions where
  YEAR(startdate)={0} and MONTH(startdate)={1}", planYear, planMonth);
 MySqlCommand cmd = new MySqlCommand(query, conn);
 MySqlDataReader r = cmd.ExecuteReader();
 string item;
 while (r.Read())
 {
  item = r[0].ToString();
  int planQty = QueryPlanQty(item, planYear, planMonth);
  int completeQty = QueryCompleteQty(item, planYear, planMonth);
  double progress = 0.0;
  if (planQty > 0) progress = 100 * (completeQty / planQty);
  txtSummary.Text += item + " : 계획량=" + planQty + "
  , 완료량=" + completeQty + " , 진척율=" + progress + "% \r\n";
 }
 conn.Close();
}
```

세부코드 설명은 아래와 같다.

코드	`string query = String.Format("select distinct(item) from productions where YEAR(startdate)={0} and MONTH(startdate)={1}", planYear, planMonth);`
설명	선택된 년도와 월의 생산계획중에 품목리스트만 가져오는 SQL문을 생성하는 코드이다.

코드	`int planQty = QueryPlanQty(item, planYear, planMonth);` `int completeQty = QueryCompleteQty(item, planYear, planMonth);`
설명	특정 품목의 해당 년도의 월의 총 계획량과 총 생산완료량을 구하는 코드이다. QueryPlanQty()와 QueryCompleteQty() 는 메소드로 구현된다.

코드	```double progress = 0.0;```
	```if (planQty > 0) progress = 100 * (completeQty / planQty);```
	```txtSummary.Text += item + " : 계획량=" + planQty + "```
	``` , 완료량=" + completeQty + " , 진척율=" + progress + "% \r\n";```

설명	품목별 계획량, 완료량, 진척율을 텍스트박스에 문자행으로 삽입하는 코드이다.

⑨ QueryPlanQty() 메소드 작성

특정폼목의 해당 년 및 월의 총 생산계획량을 조회하는 메소드이다.

```
public int QueryPlanQty(string item, string planYear, string planMonth)
{
 MySqlConnection conn = new MySqlConnection(connStr);
 conn.Open();
 string query = String.Format("select sum(qty) from productions where
  YEAR(startdate)={0} and MONTH(startdate)={1} and item=\"{2}\" "
  , planYear, planMonth,item);
 MySqlCommand cmd = new MySqlCommand(query, conn);
 MySqlDataReader r = cmd.ExecuteReader();
 r.Read();
 int qty = 0;
 if(r[0].ToString().Length>0) qty=int.Parse(r[0].ToString());
 conn.Close();
 return qty;
}
```

세부코드 설명은 아래와 같다.

코드	```string query = String.Format("select sum(qty) from productions```
	```where YEAR(startdate)={0} and MONTH(startdate)={1}```
	```and item=\"{2}\" ", planYear, planMonth,item);```

설명	특정 품목의 선택된 년도와 월의 총생산계획량을 조회하는 SQL문을 생성하는 코드이다.

코드	```int qty = 0;``` ```if(r[0].ToString().Length>0) qty=int.Parse(r[0].ToString());```
설명	조회결과가 없으면 수량 qty는 초기값 0이 된다.

⑩ 특정품목의 해당 년 및 월의 총 생산완료량을 조회하는 메소드이다.

```
public int QueryCompleteQty(string item, string planYear, string planMonth)
{
 MySqlConnection conn = new MySqlConnection(connStr);
 conn.Open();
 string query = String.Format("select sum(qty) from productions where
  YEAR(startdate)={0} and MONTH(startdate)={1} and item=\"{2}\"
  and enddate is not null", planYear, planMonth, item);
 MySqlCommand cmd = new MySqlCommand(query, conn);
 MySqlDataReader r = cmd.ExecuteReader();
 r.Read();
 int qty = 0;
 if (r[0].ToString().Length > 0) qty = int.Parse(r[0].ToString());
 conn.Close();
 return qty;
}
```

세부코드 설명은 아래와 같다.

코드	`string query = String.Format("select sum(qty) from productions where YEAR(startdate)={0} and MONTH(startdate)={1} and item=\"{2}\"  and enddate is not null", planYear, planMonth, item);`
설명	특정 품목의 선택된 년도와 월의 총생산완료량을 조회하는 SQL문을 생성하는 코드이다.

6.3 창고관리시스템

1) 창고관리 개요

창고관리업무는 영업부서에서의 제품출고, 구매부서에서의 자재입고, 품목의 창고 간 이동 등을 관리한다. 창고관리는 입출고관리, 재고분석 등을 다룬다. 창고관리시스템은 아래 표와 같이 기본정보관리와 창고프로세스관리로 나누어 질 수 있다.

구분	설명
기본정보관리	관리 품목 리스트 관리, 창고 등록, 입출고 정의
창고프로세스관리	특정 품목을 특정 창고위치에 입고하는 업무, 또한 반대로 특정 품목을 특정 창고에서 출고하는 업무, 특정기간동안의 입출고 분석 및 품목별 실재고 파악 업무등이 있다.

본 실습에서는 창고관리를 단순하게 정의하여 아래와 같은 업무 프로세스를 진행하는 시스템을 만들어 본다.

창고관리 프로세스	입고등록	창고와 품목에 대한 입고 정보를 저장한다.
	출고등록	창고와 품목에 대한 출고 정보를 저장한다.
	입출고 취소	입출고 건을 삭제한다.
입출고 및 재고 분석	총 입출고량 분석	창고 및 품목별 입출고량의 총합을 구한다.
	제품매출분석	창고 및 품목별 현재 재고량을 구한다.

시스템을 위한 데이터베이스 테이블은 아래와 같다.

테이블명: inouts	
필드명	**설명**
inoutcode	입출고건에 대한 고유한 숫자. 주키로 지정한다.
rack	창고위치
item	품목
date	입출고날짜
qty	입출고량 (입고는 양수, 출고는 음수)

2) 창고관리 데이터베이스 만들기

아래 그림과 같이 HeidiSQL를 실행하고 MariaDB 에 접속한다.

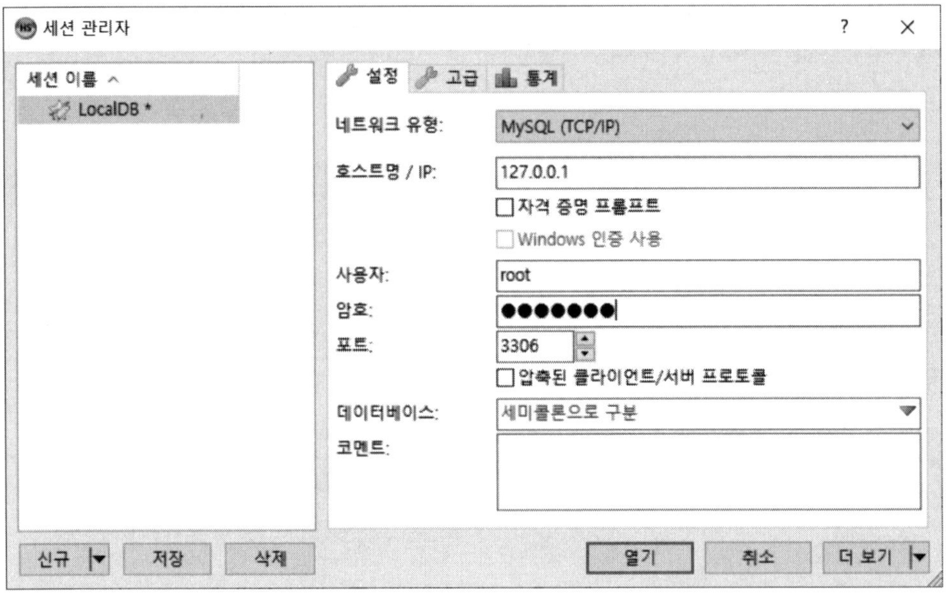

LocalDB에서 오른쪽 마우스클릭하면 나타나는 메뉴에서 [새로생성]을 클릭하여 데이터베이스를 생성하고 이름은 appdb라고 입력한다. 또한 아래 그림과 같은 inouts 테이블을 생성한다. inoutcode 필드는 주키(primary key)로 설정되어서 각 행을 대표하는 데이터가 되어 중복이 불가능하다.

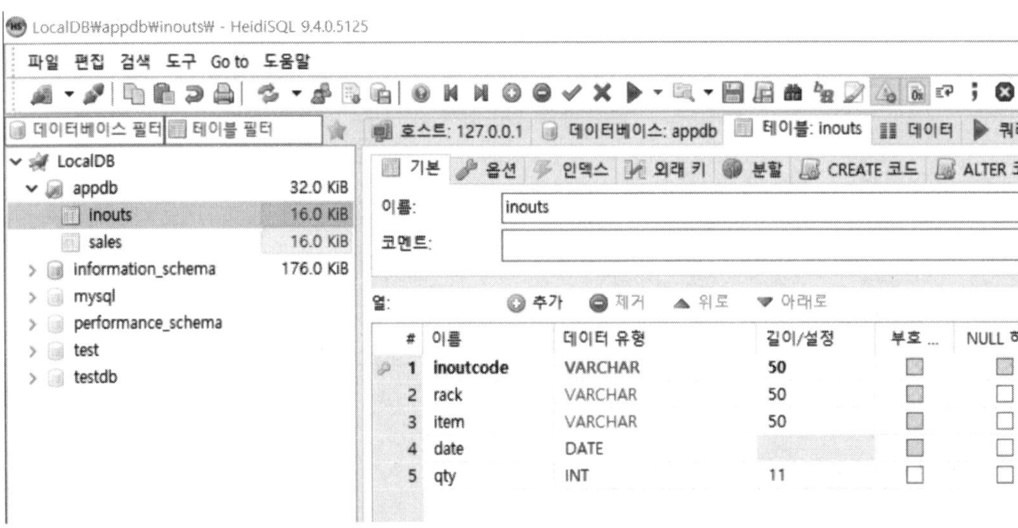

3) 화면설계

Visual Studio에서 Windows Forms 앱 프로젝트를 생성하고 아래와 같은 화면을 디자인 한다.

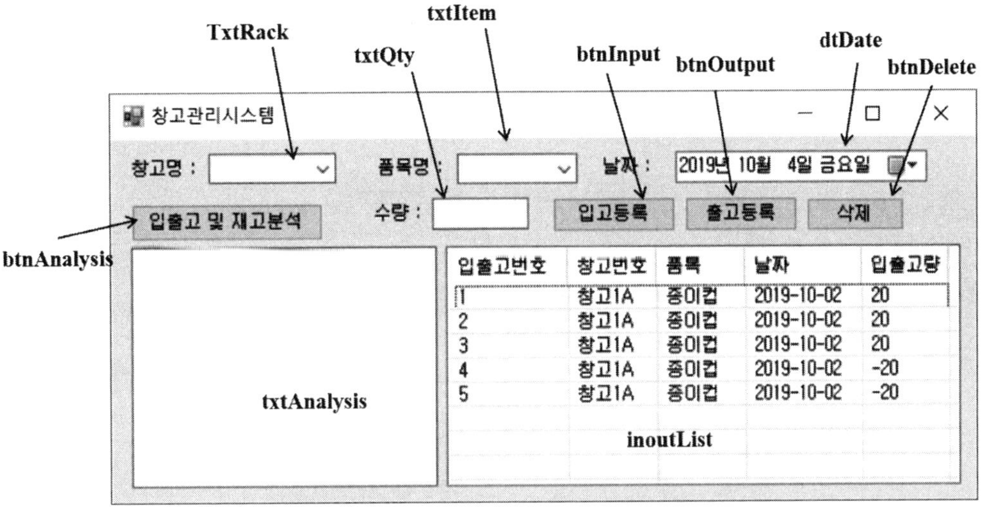

txtAnalysis 의 MultiLine 속성을 True로 설정하고, inoutList의 ListView의 세가지 속성을 아래와 같이 설정 한다.

속성 이름	값
FullRowSelect	true
GridLine	true
View	Details

리스트뷰의 열 등록은 아래 그림처럼 Columns 속성을 클릭하고, 등록윈도우에서 추가하면 된다. 각 Column의 Text속성은 그림과 같이 입력한다.

Column Text	Width
입출고번호	90
창고번호	80
품목	60
날짜	60
입출고량	60

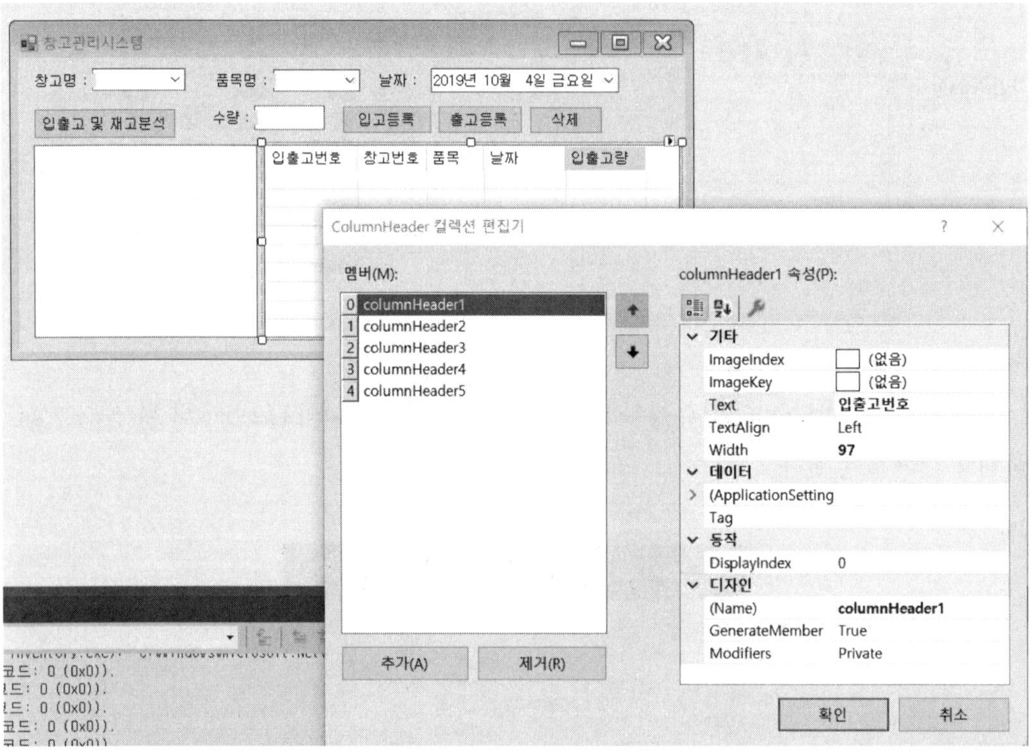

4) 메소드 설계

① 데이터베이스 연결을 위한 준비

왼쪽 솔루션 탐색기에서 프로젝트 이름 아래 참조를 오른쪽 마우스 클릭하고 참조추가 메뉴를 클릭한다. 아래 그림처럼 어셈블리 > 확장에서 MySql.Data를 클릭하고 확인버튼을 누른다.

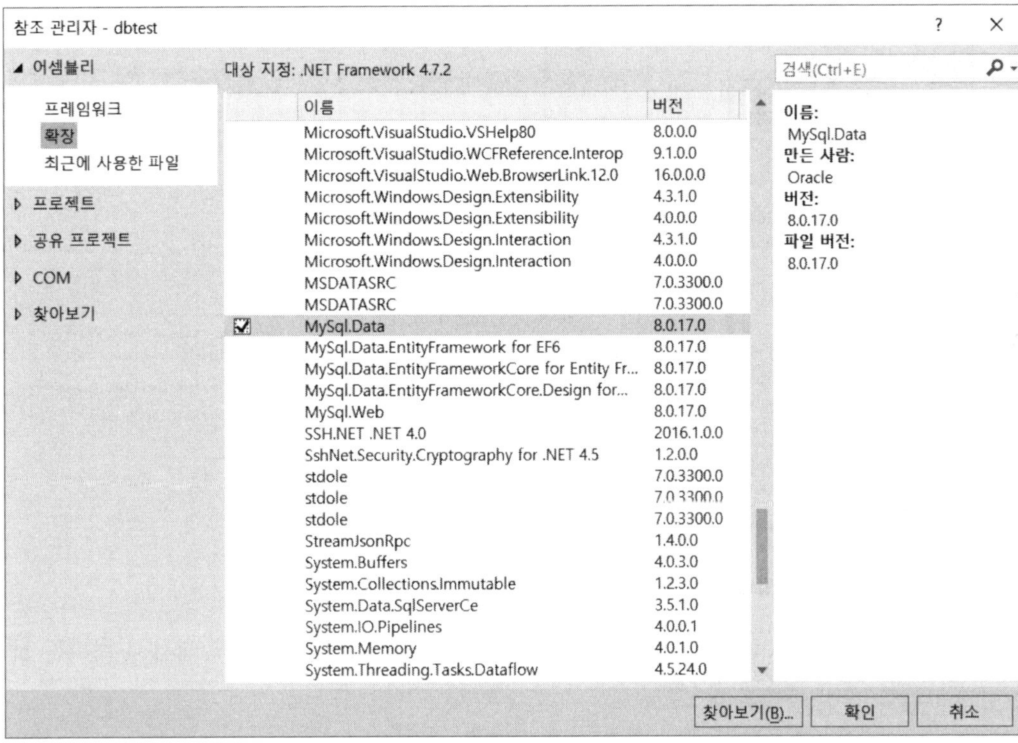

Form1.cs 파일을 열어 상단에 아래와 같은 using 문을 넣는다.

```
using MySql.Data.MySqlClient;
```

또한 컴퓨터에 설치된 MariaDB 연결을 위한 문자열을 아래와 같이 입력한다.

```
string connStr
="Server=localhost;Uid=root;Database=appdb;port=3306;Pwd=******";
```

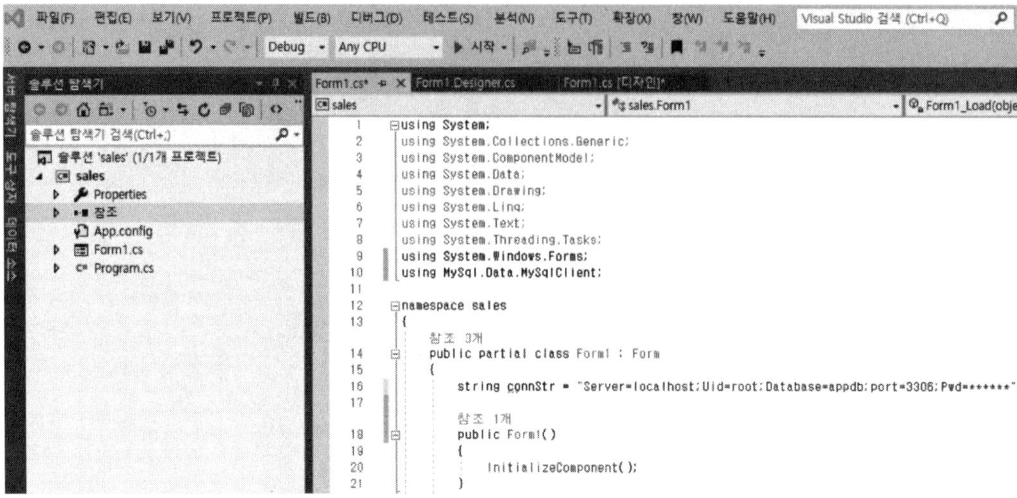

② LoadList() 메소드 작성

서버에 접속하여 inouts 테이블 데이터를 조회하여 inoutList ListView에서 출력하는 메소드를 아래와 같이 입력한다.

```
public void LoadList()
{
 inoutList.Items.Clear();
 MySqlConnection conn = new MySqlConnection(connStr);
 conn.Open();
 string query = "select * from inouts";
 MySqlCommand cmd = new MySqlCommand(query, conn);
 MySqlDataReader r = cmd.ExecuteReader();
 string[] fields = new string[5];
 while (r.Read())
 {
  for (int i = 0; i < 5; i++) fields[i] = r[i].ToString();
  fields[3] = fields[3].Substring(0, 10); // 뒤에 시간정보 제거
  ListViewItem row = new ListViewItem(fields);
  inoutList.Items.Add(row);
 }
 conn.Close();
}
```

세부코드 설명은 아래와 같다.

코드	`MySqlConnection conn = new MySqlConnection(connStr);` `conn.Open();`
설명	데이터베이스 서버에 접속하는 conn 객체를 만들고 통신을 오픈한다.

코드	`inoutList.Items.Clear();`
설명	모든 입출고데이터를 보여주는 ListView 인 inoutList 행 데이터를 모두 삭제한다.

코드	`string query = "select * from inouts";` `MySqlCommand cmd = new MySqlCommand(query, conn);`
설명	데이터베이스 서버에 보내줄 조회문과 조회를 실행할 객체 cmd를 생성한다.

코드	`MySqlDataReader r = cmd.ExecuteReader();`
설명	cmd를 통해 서버에 조회문을 보내고 결과값을 받아 r객체에 저장한다.

코드	`string[] fields = new string[5];`
설명	ListView 의 한 행에는 5개의 문자열 데이터를 저장하는 배열변수 fields를 생성한다.

코드	`while (r.Read())`
	`{`
	`  반복할 내용`
	`}`
	`conn.Close();`

설명	r의 Read() 메소드를 실시하면 조회결과를 줄 단위로 가져올 수 있다. 조회결과의 마지막 줄에서는 r.Read() 에서 false가 리턴되므로 while 반복문이 정지되게 된다. 마지막에 데이터베이스 접속을 닫는다.

코드	`for (int i = 0; i < 5; i++) fields[i] = r[i].ToString();`
설명	조회 결과에서 i번째 열을 문자로 변환하여 i번째 fields배열에 복사한다.

코드	`fields[3] = fields[3].Substring(0,10);`
설명	4번째 열은 날짜 및 시간데이터가 있으므로 앞쪽 날짜 데이터만 사용하도록 앞쪽 10개 문자만 추출한다.

코드	`ListViewItem row = new ListViewItem(fields);` `inoutList.Items.Add(row);`
설명	ListView에 행 데이터를 등록하려면 ListViewItem 객체를 생성해서 inoutList.Items.Add() 메소드에 넣어 주어야 한다.

③ Form1_Load() 이벤트 핸들러 작성

최초 화면에 생성되면서 입출고 데이터를 조회하여 화면에 출력되도록 아래와 같은 코드를 입력한다. 윈도우를 더블클릭하면 이벤트 핸들러가 자동 생성된다.

```
private void Form1_Load(object sender, EventArgs e)
{
 LoadList();
}
```

최초 프로그램을 실행하면 아래와 같이 현재 입출고 건이 모두 조회되어 출력된다.

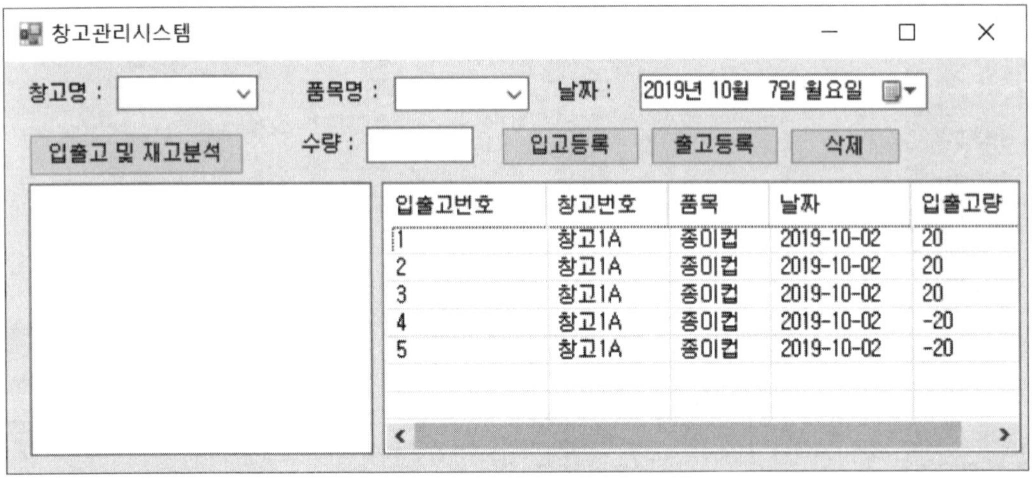

④ NewInOutCode() 메소드 작성

새로운 입출고 건을 등록하기 위하여 inoutcode를 생성하는 메소드이다. 현재 입출고데이터에서 다른 inoutcode와 중복되지 않도록, 기존 inoutcode의 최대값에 +1을 더해서 만든다. SQL문은 아래와 같다.

```
select max(inoutcode)+1 from inouts
```

전체 코드는 아래와 같다.

```
public int NewInOutCode()
{
  MySqlConnection conn = new MySqlConnection(connStr);
  conn.Open();
  string query = "select max(inoutcode)+1 from inouts";
  MySqlCommand cmd = new MySqlCommand(query, conn);
  MySqlDataReader r = cmd.ExecuteReader();
  r.Read();
  int inoutcode = 1;
  if (r[0].ToString().Length > 0) inoutcode = Int32.Parse(r[0].ToString());
  r.Close();
  return inoutcode;
}
```

세부코드 설명은 아래와 같다. (앞 절에서 설명된 SQL 객체내용은 생략됨)

코드	`int inoutcode = 1;`
	`if(r[0].ToString().Length > 0)`
	`  inoutcode = Int32.Parse(r[0].ToString());`

설명	조회결과의 r[0]을 정수로 변경해서 inoutcode를 생성한다. 그러나 데이터가 없는 경우에는 r은 null 이 반환되어 r[0]의 문자열 길이는 0 이 된다. 이 경우 inoutcode 는 초기값 1이 사용된다.

⑤ BtnInput_Click( ) 이벤트 핸들러 작성

화면에 설정된 내용을 이용하여 새로운 입고 건을 등록하는 메소드를 작성한다. 입고등록 버튼을 마우스 더블클릭하고 아래 코드를 입력한다,

```
private void BtInput_Click(object sender, EventArgs e)
{
```

```
    int inoutcode = NewInOutCode();
    string rack = cbRack.SelectedItem.ToString();
    string item = cbItem.SelectedItem.ToString();
    string date = dtDate.Value.Date.ToString("yyyy-MM-dd");
    int qty = Int32.Parse(txtQty.Text);

    MySqlConnection conn = new MySqlConnection(connStr);
    conn.Open();
    string query =
     String.Format("insert into inouts (inoutcode, rack,item,date,qty) " +
     "values ({0},\"{1}\",\"{2}\",\"{3}\",{4})"
     , inoutcode, rack, item, date, qty);
    MySqlCommand cmd = new MySqlCommand(query, conn);
    cmd.ExecuteNonQuery();
    conn.Close();
    LoadList();
}
```

세부코드 설명은 아래와 같다.

코드	`int inoutcode = NewInOutCode();`
	`string rack = cbRack.SelectedItem.ToString();`
	`string item = cbItem.SelectedItem.ToString();`
	`string date = dtDate.Value.Date.ToString("yyyy-MM-dd");`
	`int qty = Int32.Parse(txtQty.Text);`

설명	입고 건 등록을 위한 데이터를 화면디자인 개체에서 가져오는 코드이다. 입출고번호(inoutcode)는 NewInOutCode()메소드를 이용하여 데이터베이스 부터 번호를 받아 온다. 입고날짜는 DateTimePicker 개체에서 [년-월-일] 형식으로 받아온다.

코드	`string query =`
	`String.Format("insert into inouts (inoutcode, rack,item,date,qty) " +`
	`"values ({0},\"{1}\",\"{2}\",\"{3}\",{4})"`
	`, inoutcode, rack, item, date, qty);`

설명	데이터를 등록하는 insert SQL문을 생성하는 코드이다.

코드	`cmd.ExecuteNonQuery();`
설명	insert, update, delete SQL문을 실행할 때는 ExecuteNonQuery() 메소들 사용한다.

⑥ BtnOutput_Click( ) 이벤트 핸들러 작성

화면에 설정된 내용을 이용하여 새로운 출고 건을 등록하는 메소드를 작성한다. 출고등록 버튼을 마우스 더블클릭하고 아래 코드를 입력한다. 내용은 입고등록과 동일하나 수량이 음수로 등록된다.

```
private void BtOutput_Click(object sender, EventArgs e)
{
 int inoutcode = NewInOutCode();
 string rack = cbRack.SelectedItem.ToString();
 string item = cbItem.SelectedItem.ToString();
 string date = dtDate.Value.Date.ToString("yyyy-MM-dd");
 int qty = -Int32.Parse(txtQty.Text);
 MySqlConnection conn = new MySqlConnection(connStr);
 conn.Open();
 string query =
  String.Format("insert into inouts (inoutcode, rack,item,date,qty) " +
  "values ({0},\"{1}\",\"{2}\",\"{3}\",{4})"
  , inoutcode, rack, item, date, qty);
 MySqlCommand cmd = new MySqlCommand(query, conn);
 cmd.ExecuteNonQuery();
 conn.Close();
 LoadList();
}
```

⑦ BtnDelete_Click() 이벤트 핸들러 작성

inoutlList ListView에서 선택된 입출고건을 삭제하는 메소드임. 삭제 버튼을 마우스 더블클릭하고 아래 코드를 입력한다. 실제 동작은 데이버베이스에서 해당 입출고데이터를 삭제하고 전체 매출리스트를 다시 조회하게 된다.

```
private void BtnDelete_Click(object sender, EventArgs e)
{
 if (inoutList.SelectedItems.Count > 0)
 {
   string code = inoutList.SelectedItems[0].SubItems[0].Text;
   MySqlConnection conn = new MySqlConnection(connStr);
   conn.Open();
   string query
```

```
    = String.Format("delete from inouts where inoutcode=\"{0}\"", code);
   MySqlCommand cmd = new MySqlCommand(query, conn);
   cmd.ExecuteNonQuery();
   conn.Close();
   LoadList();
  }
}
```

세부코드 설명은 아래와 같다.

<table>
<tr><td>코드</td><td>

```
if (inoutList.SelectedItems.Count > 0)
{
  ...
}
```

</td></tr>
<tr><td>설명</td><td>inoutList에서 아이템이 선택된 경우만 삭제를 하도록 하는 조건문이다.</td></tr>
</table>

<table>
<tr><td>코드</td><td>

```
string code = inoutList.SelectedItems[0].SubItems[0].Text;
```

</td></tr>
<tr><td>설명</td><td>삭제할 입출고번호를 가져오는 코드이다. 선택된 첫 번째 행은 SelectedItems[0]으로 접근할 수 있으며, 입출고번호(첫 번째 열)는 SubItems[0]으로 으로 접근할 수 있다. 최종개체의 Text 속성을 참조하게 된다.</td></tr>
</table>

<table>
<tr><td>코드</td><td>

```
string query
=String.Format("delete from inouts where inoutcode=\"{0}\"", code);
```

</td></tr>
<tr><td>설명</td><td>입출고번호로 해당 데이터를 삭제하는 SQL문을 생성하는 코드이다.</td></tr>
</table>

⑧ BtnAnalysis_Click() 이벤트 핸들러 작성

창고 및 품목별 현재고량을 분석하는 메소드임. 아래 그림과 같이 화면에 결과가 테스트 형식으로 출력됨. “입출고 및 재고분석”버튼을 마우스 더블클릭하고 아래 코드를 입력한다.

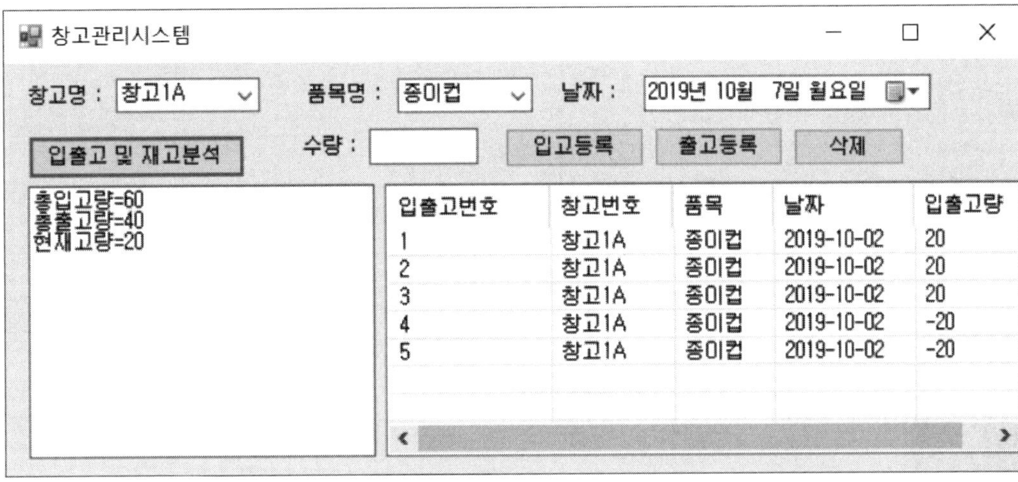


```
private void BtAnalysis_Click(object sender, EventArgs e)
{
 txtAnalysis.Text = "";
 if(cbRack.SelectedItem==null || cbItem.SelectedItem==null)
 {
  MessageBox.Show(" 창고와 품목을 선택하세요");
  return;
 }
 string rack = cbRack.SelectedItem.ToString();
 string item = cbItem.SelectedItem.ToString();

 MySqlConnection conn = new MySqlConnection(connStr);
 conn.Open();
 // 총입고량 계산
 string query = String.Format("select sum(qty) from inouts where
   rack=\"{0}\" and item=\"{1}\" and qty>0",rack,item);
 MySqlCommand cmd1 = new MySqlCommand(query, conn);
 MySqlDataReader r1 = cmd1.ExecuteReader();
 r1.Read();
 int inQty = int.Parse(r1[0].ToString());
 txtAnalysis.Text = "총입고량="+ inQty+"\r\n";
 r1.Close();
 // 총출고량 계산
 query = String.Format("select sum(qty) from inouts where rack=\"{0}\"
   and item=\"{1}\" and qty<0", rack, item);
 MySqlCommand cmd2 = new MySqlCommand(query, conn);
 MySqlDataReader r2 = cmd2.ExecuteReader();
 r2.Read();
 int outQty = int.Parse(r2[0].ToString())*-1;
 txtAnalysis.Text += "총출고량=" + outQty + "\r\n";
```

```
  r2.Close();
  // 현재고량 계산
  int currentQty = inQty - outQty;
  txtAnalysis.Text += "현재고량=" +currentQty + "\r\n";
  conn.Close();
}
```

세부코드 설명은 아래와 같다.

<table>
<tr><td>코드</td><td>

```
txtAnalysis.Text = "";
```

</td></tr>
<tr><td>설명</td><td>결과 분석 화면을 비우는 코드이다.</td></tr>
</table>

<table>
<tr><td>코드</td><td>

```
if(cbRack.SelectedItem==null || cbItem.SelectedItem==null)
{
 MessageBox.Show(" 창고와 품목을 선택하세요");
 return;
}
```

</td></tr>
<tr><td>설명</td><td>창고명과 품목명이 선택되지 않은 경우 안내메세지를 보여주고 분석을 끝내는 코드임.</td></tr>
</table>

<table>
<tr><td>코드</td><td>

```
string rack = cbRack.SelectedItem.ToString();
string item = cbItem.SelectedItem.ToString();
```

</td></tr>
<tr><td>설명</td><td>창고명과 품목명을 화면디자인 개체에서 가져오는 코드이다.</td></tr>
</table>

<table>
<tr><td>코드</td><td>

```
string query = String.Format("select sum(qty) from inouts where
    rack=\"{0}\" and item=\"{1}\" and qty>0",rack,item);
MySqlCommand cmd1 = new MySqlCommand(query, conn);
MySqlDataReader r1 = cmd1.ExecuteReader();
r1.Read();
int inQty = int.Parse(r1[0].ToString());
txtAnalysis.Text = "총입고량="+ inQty+"\r\n";
r1.Close();
```

</td></tr>
<tr><td>설명</td><td>해당창고와 품목의 총입고량을 SQL코드로 받아오고 분석결과 화면에 문자로 출력하는 코드임.</td></tr>
</table>

코드	<pre>query
	= String.Format("select sum(qty) from inouts where rack=\"{0}\"
	 and item=\"{1}\" and qty〈0", rack, item);
	MySqlCommand cmd2 = new MySqlCommand(query, conn);
	MySqlDataReader r2 = cmd2.ExecuteReader();
	r2.Read();
	int outQty = int.Parse(r2[0].ToString())*-1;
	txtAnalysis.Text += "총출고량=" + outQty + "\r\n";
	r2.Close();</pre>

설명	해당창고와 품목의 총출고량을 SQL코드로 받아오고 분석결과 화면에 문자로 출력하는 코드임.

코드	<pre>int currentQty = inQty - outQty;
	txtAnalysis.Text += "현재고량=" +currentQty + "\r\n";</pre>

설명	현재고량을 계산하여 화면에 문자로 출력하는 코드임

Chapter 7

GUI 고급 프로그래밍

7.1 그래프 그리기

데이터분석 방법 중에 가장 많이 사용하는 것은 차트이다. 그림으로 표현된 데이터는 숫자데이터를 직접 보는 것보다 직관적이고 유용한 정보를 제공한다. 경영정보시스템에서는 실적관리 측면에서 과거데이터를 분석할 필요가 있는데 주로 막대그래프나 점 그래프를 사용한다.

1) 막대 그래프 그리기

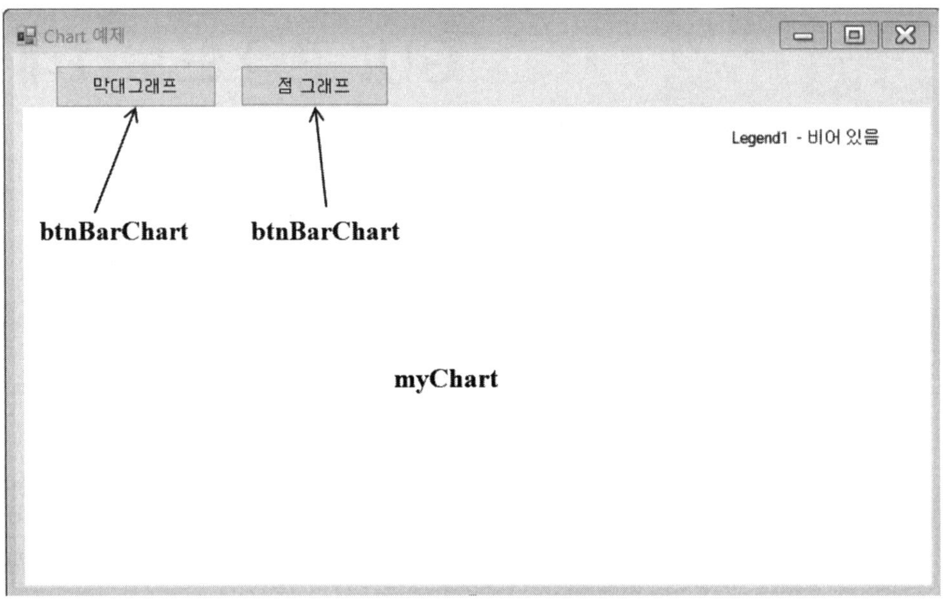

① 프로젝트 생성

② 도구상자 > 데이터 > Chart 객체를 윈도우폼에 만든다. 이름은 myChart

③ myChart 의 Series 컬렉션에서 ChartArea1 을 삭제한다.

④ 막대 그래프 버튼을 만들고 버튼 클릭 핸들러에 아래 코드를 입력한다.

```
private void BtnBarChart_Click(object sender, EventArgs e)
{
 myChart.Series.Clear();
 int xSize = 3;
```

```
string[] xData = new string[xSize];
double[] yData1 = new double[xSize];
double[] yData2 = new double[xSize];
xData[0] = "서울"; xData[1] = "경기"; xData[2] = "강원";
yData1[0] = 10; yData1[1] = 12; yData1[2] = 8;
yData2[0] = 12; yData2[1] = 14; yData2[2] = 18;

Series barSeries1 = new Series();
barSeries1.Points.DataBindXY(xData, yData1);
barSeries1.ChartType = SeriesChartType.Column;
barSeries1.LegendText= "데이터1";
myChart.Series.Add(barSeries1);

Series barSeries2 = new Series();
barSeries2.Points.DataBindXY(xData, yData2);
barSeries2.ChartType = SeriesChartType.Column;
barSeries2.LegendText = "데이터2";
myChart.Series.Add(barSeries2);
}
```

실행모습은 아래와 같다.

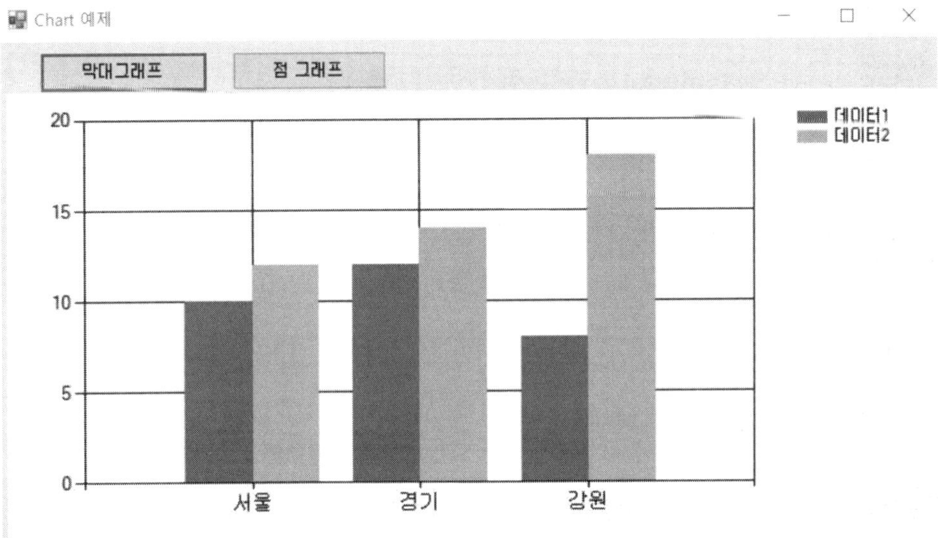

세부코드 설명은 아래와 같다. barSeries2 코드는 barSeries1과 동일하여 코드설명은 생략하였다.

코드	`myChart.Series.Clear();`
설명	현재 그래프를 모두 삭제한다.

코드	`int xSize = 3;`
	`string[] xData = new string[xSize];`
	`double[] yData1 = new double[xSize];`
	`double[] yData2 = new double[xSize];`
	`xData[0] = "서울"; xData[1] = "경기"; xData[2] = "강원";`
	`yData1[0] = 10; yData1[1] = 12; yData1[2] = 8;`
	`yData2[0] = 12; yData2[1] = 14; yData2[2] = 18;`

설명	그래프에 사용할 데이터를 설정한다. x축 데이터 크기는 3이고, x축에 각 지역이 표시되도록 xData를 생성하고, 각 지역마다 2개의 막대그래프가 그려지도록 y데이터는 yData1과 yData2를 생성하였다.

코드	`Series barSeries1 = new Series();`
설명	새로운 차트 객체를 생성한다.

코드	`barSeries1.Points.DataBindXY(xData, yData1);`
설명	차트객체에서 사용할 데이터를 연결해 준다.

코드	`barSeries1.ChartType = SeriesChartType.Column;`
설명	차트 종류를 세로막대형 그래프로 설정한다.

코드	`barSeries1.LegendText= "데이터1";`
설명	그래프에서 사용할 범례 이름을 지정한다.

코드	`myChart.Series.Add(barSeries1);`
설명	윈도우폼에 Chart에 barSeries1객체를 등록하게 되고 실제 화면에 그래프가 그려지는 것을 볼 수 있다.

2) 점 그래프 그리기

① 프로젝트 생성
② 도구상자 > 데이터 > Chart 객체를 윈도우폼에 만든다. 이름은 myChart
③ myChart 의 Series 컬렉션에서 ChartArea1 을 삭제한다.
④ 점 그래프 버튼을 만들고 버튼 이벤트핸들러에 아래 코드를 입력한다.

```
private void BtnPointChart_Click(object sender, EventArgs e)
{
  myChart.Series.Clear();

  int size1 = 3;
  double[] xData1 = new double[size1];
  double[] yData1 = new double[size1];
  xData1[0] = 1; xData1[1] = 2; xData1[2] =3;
  yData1[0] = 10; yData1[1] = 12; yData1[2] = 8;

  Series pointSeries1 = new Series();
  pointSeries1.Points.DataBindXY(xData1, yData1);
  pointSeries1.ChartType = SeriesChartType.Point;
  pointSeries1.LegendText = "데이터1";
  pointSeries1.MarkerSize = 16;
  myChart.Series.Add(pointSeries1);

  int size2 = 4;
  double[] xData2 = new double[size2];
  double[] yData2 = new double[size2];
  xData2[0] = 6; xData2[1] = 5; xData2[2] = 4; xData2[3] = 14;
  yData2[0] = 4; yData2[1] = 18; yData2[2] = 8; yData2[3] = 8;

  Series pointSeries2 = new Series();
  pointSeries2.Points.DataBindXY(xData2, yData2);
  pointSeries2.ChartType = SeriesChartType.Point;
  pointSeries2.LegendText = "데이터2";
  pointSeries2.MarkerSize = 16;
  myChart.Series.Add(pointSeries2);
}
```

실행모습은 아래와 같다.

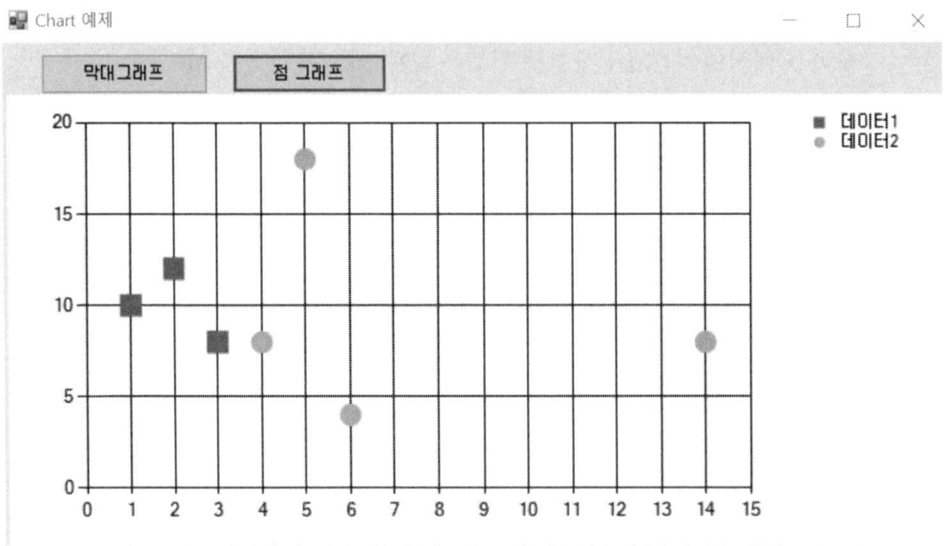

세부코드 설명은 아래와 같다. 대부분의 코드는 막대그래프 코드와 동일하다.

코드	```double[] xData1 = new double[size1];```
	```double[] yData1 = new double[size1];```
	```xData1[0] = 1; xData1[1] = 2; xData1[2] =3;```
	```yData1[0] = 10; yData1[1] = 12; yData1[2] = 8;```
	⋮
	```double[] xData2 = new double[size2];```
	```double[] yData2 = new double[size2];```
	```xData2[0] = 6; xData2[1] = 5; xData2[2] = 4; xData2[3] = 14;```
	```yData2[0] = 4; yData2[1] = 18; yData2[2] = 8; yData2[3] = 8;```

설명	두 그룹의 데이터를 그려야 하기 때문에 x축과 y축에 대하여 각각 2쌍을 생성한다.

코드	`barSeries1.ChartType = SeriesChartType.Point`
설명	차트 종류를 분산형 그래프로 설정한다.

7.2 엑셀 연동하기

기업에서 많이 사용하는 파일 데이터는 엑셀이다. 탐색기에서 *.xls 혹은 *.xlsx 파일확장자를 가진 파일이다. C# 에서 엑셀파일을 연동하기 위해서는 참조관리자에서 외부 도구를 사용할 수 있도록 등록해 주어야 한다.

1) 엑셀 연동 프로젝트 만들기

① 프로젝트를 생성한다.

② 도구상자를 이용하여 아래와 같이 버튼 2개, ListView를 만든다.

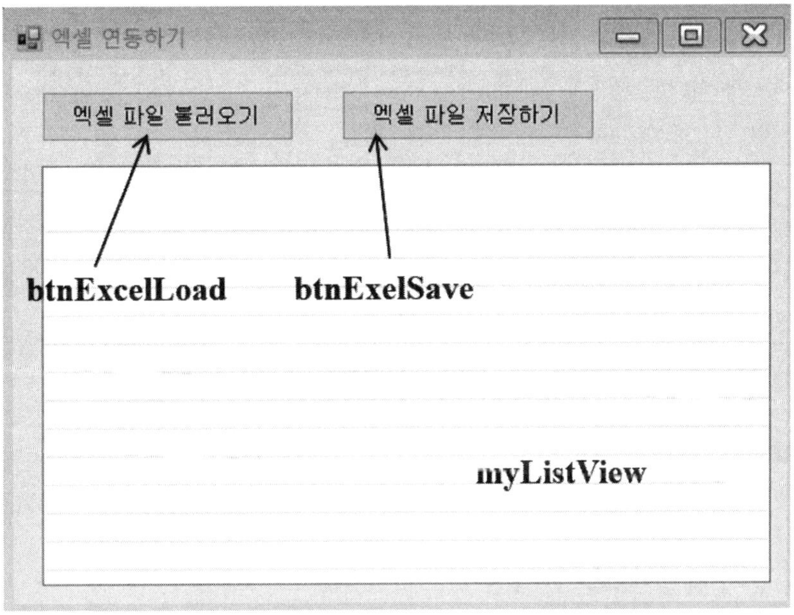

③ myListView의 3가지 속성을 아래와 같이 설정한다.

속성 이름	값
FullRowSelect	true
GridLine	true
View	Details

아래 그림과 같이 참조 추가에서 Microsoft.Excel 16.0 Object Library를 추가하고 form1.cs 파일 상단에 아래와 같은 using 문을 추가한다.

```
using System.IO;
using System.Runtime.InteropServices;
using Excel = Microsoft.Office.Interop.Excel;
```

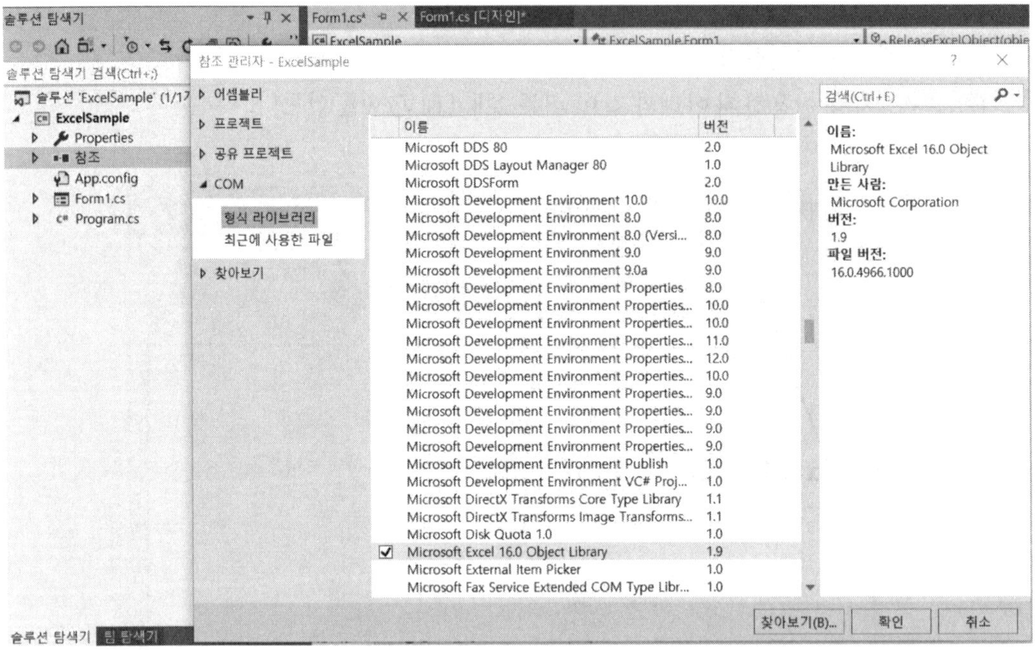

2) 엑셀파일불러오기 기능

엑셀파일 불러오기 버튼 이벤트핸들러에 아래 코드를 입력한다.

```
private void BtnExcelLoad_Click(object sender, EventArgs e)
{
 myListView.Items.Clear();
 string str_filename;
 FileDialog fileDlg = new OpenFileDialog();
 fileDlg.Filter
  = "Excel file(*.xlsx)|*xlsx|Excel File 97~2003(*.xls)|*.xls|All Files (*.*)|*.*";
```

```
fileDlg.RestoreDirectory = true;
if (fileDlg.ShowDialog() == DialogResult.Cancel) return;
str_filename = fileDlg.FileName;
Excel.Application xlsapp = null;
Excel.Workbook xlsbook = null;
Excel.Worksheet xlssheet = null;
try
{
 xlsapp = new Excel.Application();
 xlsbook = xlsapp.Workbooks.Open(str_filename);
 xlssheet = xlsbook.Worksheets.get_Item(1) as Excel.Worksheet;
 Excel.Range xlsrange = xlssheet.UsedRange;
 object[,] data = xlsrange.Value;
 int colSize = data.GetLength(1);
 for(int col=1;col <= colSize;col++)
 myListView.Columns.Add(data[1, col].ToString());
 string[] fields = new string[colSize];
 for (int row = 2; row <=data.GetLength(0); row++)
 {
  for (int col = 1; col <= colSize; col++)
   fields[col-1] = data[row, col].ToString();
   myListView.Items.Add(new ListViewItem(fields));
 }
 xlsbook.Close(true);
 xlsapp.Quit();
}
catch (Exception ex)
{
 MessageBox.Show("엑셀 불러오기 오류 " + ex.ToString());
 xlsbook.Close(true);
 xlsapp.Quit();
}
finally
{
 Marshal.ReleaseComObject(xlssheet);
 Marshal.ReleaseComObject(xlsbook);
 Marshal.ReleaseComObject(xlsapp);
}
}
}
```

아래와 같은 엑셀 파일을 파일에 저장한다.

	A	B	C	D	E	F
1	매출번호	고객명	제품명	판매날짜	판매개수	판매금액
2	1	우주상사	종이컵	2019-10-12	10	10000
3	2	우주상사	종이컵	2019-10-13	10	10000
4	3	별마트	설탕	2019-10-14	12	20000
5	4	별마트	설탕	2019-10-15	6	12000
6						

엑셀파일불러오기 버튼을 눌러 실행하면 아래와 같이 ListView에서 데이터가 채워진 모습을 볼 수 있다.

세부코드 설명은 아래와 같다.

코드

```
myListView.Items.Clear();
string str_filename;
FileDialog fileDlg = new OpenFileDialog();
fileDlg.Filter
  = "Excel file(*.xlsx)|*xlsx|Excel File 97~2003(*.xls)|*.xls|All Files
(*.*)|*.*";
fileDlg.RestoreDirectory = true;
if (fileDlg.ShowDialog() == DialogResult.Cancel) return;
str_filename = fileDlg.FileName;
```

설명

리스트뷰 내용을 모두 삭제하고, 불러올 엑셀파일 이름을 가져오는 코드이다. Filter객체는 파일불러오기 화면에서 사용할 파일 종류를 설정할때 사용된다.

| 코드 |
```
xlsapp = new Excel.Application();
xlsbook = xlsapp.Workbooks.Open(str_filename);
xlssheet = xlsbook.Worksheets.get_Item(1) as Excel.Worksheet;
```
 |
|---|---|
| 설명 | 실제 엑셀파일을 불러오고, get_Item(1) 메소드를 사용하여 첫번째 워크시트를 가져오는 코드이다. |

코드

```
Excel.Range xlsrange = xlssheet.UsedRange;
object[,] data = xlsrange.Value;
```

설명

선택된 워크시트에서 데이터가 존재하는 모든 영역을 데이터로 가져오는 코드이다. 최종데이터는 data라는 2차원 객체배열에 저장된다.

코드

```
int colSize = data.GetLength(1);
for(int col=1;col <= colSize;col++)
 myListView.Columns.Add(data[1, col].ToString());
```

설명

엑셀에서 가져온 데이터에서 첫줄을 이용하여 ListView의 열(Column)을 등록하는 코드이다. 엑셀데이터의 실제데이터는 인덱스 1부터 시작된다.

코드

```
string[] fields = new string[colSize];
for (int row = 2; row <=data.GetLength(0); row++)
{
 for (int col = 1; col <= colSize; col++)
  fields[col-1] = data[row, col].ToString();
 myListView.Items.Add(new ListViewItem(fields));
}
```

설명

엑셀에서 가져온 데이터를 ListView 에 행단위로 등록하는 코드이다.
엑셀데이터는 인덱스 1부터 시작되고, 행번호 1은 앞에서 열등록에 사용되었으므로 실제 데이터는 행번호 2부터 시작되어야 한다.

코드

```
try
{
 ...
 xlsbook.Close(true);
 xlsapp.Quit();
}
catch
{
:
```

코드	` xlsbook.Close(true);`
	` xlsapp.Quit();`
	`}`
	`finally`
	`{`
	` Marshal.ReleaseComObject(xlssheet);`
	` Marshal.ReleaseComObject(xlsbook);`
	` Marshal.ReleaseComObject(xlsapp);`
	`}`

설명	파일 리소스를 사용하는 코드에서는 try catch 문을 사용해야 한다. 그리고 파일과 연관된 객체는 사용후에 해제하는 코드를 사용해야 한다.

3) 엑셀파일저장하기 기능

엑셀파일저장하기 버튼 이벤트핸들러에 아래 코드를 입력한다. ListView 내용이 엑셀파일로 똑같이 저장된다.

```
private void BtnExcelSave_Click(object sender, EventArgs e)
{
 SaveFileDialog sfd = new SaveFileDialog();
 sfd.Title = "Excel 파일로 저장";
 sfd.Filter
  ="Excel File(*.xlsx)|*.xlsx|Excel File 97~2003(*.xls)|*.xls|All Files (*.*)|*.*";
 if (sfd.ShowDialog() == DialogResult.Cancel) return;
 string filename = sfd.FileName;
 Excel.Application xlsapp = null;
 Excel.Workbook xlsbook = null;
 Excel.Worksheet xlssheet = null;
 try
 {
  xlsapp = new Excel.Application();
  xlsapp.DisplayAlerts = false;
  xlsbook = xlsapp.Workbooks.Add(true);
  xlssheet = xlsbook.Sheets.Add();
  string[] Alpabat
   = new string[] { "A", "B", "C", "D", "E", "F", "G", "H", "I", "J", "K"};
  int colSize = myListView.Columns.Count;
  string[] header = new string[colSize];
  int colCount = 0;
```

```
foreach (ColumnHeader s in myListView.Columns)
{
 header[colCount] = s.Text;
 colCount++;
}
xlssheet.get_Range("A1", Alpabat[colSize - 1] + "1").Value2 = header;
int rowSize = myListView.Items.Count;
string[,] item = new string[rowSize, colSize];
for (int i = 0; i <rowSize; i++)
{
  for (int j = 0; j < colSize; j++)
    item[i, j] = myListView.Items[i].SubItems[j].Text;
}

xlssheet.get_Range("A2", Alpabat[colSize - 1]
   + (myListView.Items.Count + 1).ToString()).Value2 = item;
xlssheet.Columns.AutoFit();
if (filename.Length > 0)
{
 if (Path.GetExtension(filename) == ".xls")
 {
  xlsbook.SaveAs(filename, Excel.XlFileFormat.xlWorkbookNormal);
 }
 else if (Path.GetExtension(filename) == ".xlsx")
 {
  xlsbook.SaveAs(filename, Excel.XlFileFormat.xlOpenXMLWorkbook);
 }
 xlsbook.Close(true);
 xlsapp.Quit();
 MessageBox.Show("엑셀 내보내기 완료");
}
}
catch (Exception ex)
{
 MessageBox.Show("엑셀 내보내기 실패 : " + ex.ToString());
 xlsbook.Close(true);
 xlsapp.Quit();
}
finally
{
 Marshal.ReleaseComObject(xlssheet);
 Marshal.ReleaseComObject(xlsbook);
 Marshal.ReleaseComObject(xlsapp);
}
```

세부코드 설명은 아래와 같다.

코드

```
SaveFileDialog sfd = new SaveFileDialog();
sfd.Title = "Excel 파일로 저장";
sfd.Filter
  ="Excel File(*.xlsx)|*.xlsx|Excel File 97~2003(*.xls)|*.xls|All
Files (*.*)|*.*";
if (sfd.ShowDialog() == DialogResult.Cancel) return;
string filename = sfd.FileName;
```

설명 저장할 엑셀파일 이름을 가져오는 코드이다.

코드

```
xlsapp = new Excel.Application();
xlsapp.DisplayAlerts = false;
xlsbook = xlsapp.Workbooks.Add(true);
xlssheet = xlsbook.Sheets.Add();
string[] Alpabat
  = new string[] { "A", "B", "C", "D", "E", "F", "G", "H", "I", "J", "K" };
```

설명 저장할 엑셀객체를 생성하는 코드이다.

코드

```
int colSize = myListView.Columns.Count;
string[] header = new string[colSize];
int colCount = 0;
foreach (ColumnHeader s in myListView.Columns)
{
  header[colCount] = s.Text;
  colCount++;
}
xlssheet.get_Range
  ("A1", Alpabat[colSize - 1] + "1").Value2 = header;
```

설명 ListView 열이름을 엑셀의 첫번째 행으로 등록하는 코드이다. 열크기가 6이면 A1:F1 영역에 데이터가 채워진다.

코드

```
int rowSize = myListView.Items.Count;
string[,] item = new string[rowSize, colSize];
for (int i = 0; i 〈rowSize; i++)
{
  for (int j = 0; j 〈 colSize; j++)
```

코드	`item[i, j] = myListView.Items[i].SubItems[j].Text;`
	`}`
	`xlssheet.get_Range("A2", Alpabat[colSize - 1]`
	`    + (myListView.Items.Count + 1).ToString()).Value2 = item;`

설명	ListView에서 열이름을 제외한 나머지 데이터를 엑셀영역에 삽입해주는 코드이다.

코드

```
if (filename.Length > 0)
{
 if (Path.GetExtension(filename) == ".xls")
 {
  xlsbook.SaveAs
   (filename, Excel.XlFileFormat.xlWorkbookNormal);
 }
 else if (Path.GetExtension(filename) == ".xlsx")
 {
  xlsbook.SaveAs
   (filename, Excel.XlFileFormat.xlOpenXMLWorkbook);
 }
 xlsbook.Close(true);
 xlsapp.Quit();
 MessageBox.Show("엑셀 내보내기 완료");
}
```

설명 최종 생성된 엑셀 개체를 파일에 저장하는 코드이다.

7.3 대용량 데이터를 위한 ListView

일반적인 데이터베이스 데이터를 조회하고 편집할때 윈도우프로그램에서는 ListView를 많이 사용한다. 그런데 데이터가 많을 경우 ListView를 화면에 로딩하는 시간이 많이 걸린다. 예를 들어 백만개 데이터를 로딩하는 경우 실제 윈도우화면에 보이는 것은 극히 일부분이지만 실제 백그라운드에서는 백만개 데이터를 모두 생성하고 표시하고 있다. 이러한 비효율적인 처리를 개선하여 ListView에서 필요한 데이터만 로딩해서 표시해주는 기능이 VirtualMode 이다. 많은 데이터를 다루는 실제 기업정보시스템에서는 이러한 기능을 사용하고 있다.

1) 가상모드에서 ListView 사용하기

① Windows Forms 앱 프로젝트를 생성한다. 프로젝트 이름은 아래와 같이 VirtualList-View라고 한다.

② 도구상자를 이용하여 아래와 같이 버튼과 ListView를 만든다. ListView Columns 속성에서 컬렉션 편집을 통해 열 6개를 등록하고 폭(Widtn)은 100으로 설정한다.

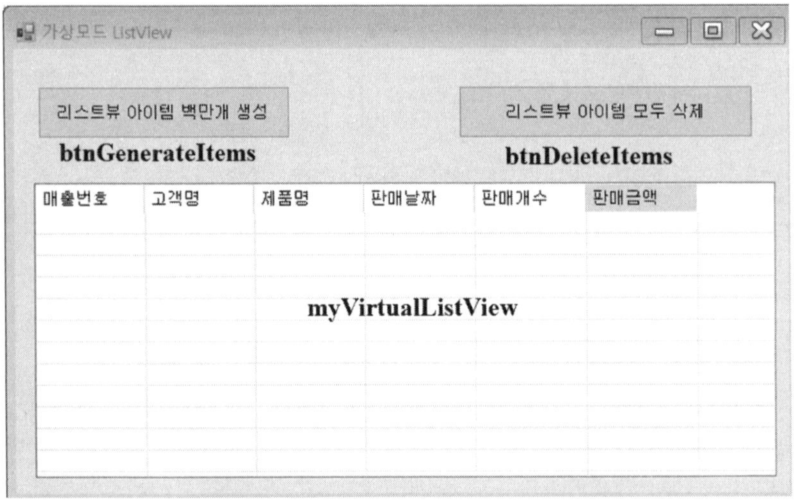

③ myVirtualListView의 3가지 속성을 아래와 같이 설정한다.

속성 이름	값
FullRowSelect	true
GridLine	true
View	Details
VirtualMode	True

④ ListView를 가상모드로 사용하는 것은, ListView와 데이터를 분리해서 사용하는 개념을 사용한다. 그러므로 항상 데이터를 따로 저장하는 아래와 같은 List데이터 선언이 필요하다. ListView의 아이템은 6개의 문자열이 필요하므로 string[] 배열을 저장하는 List데이터를 Form1.cs 파일에 선언한다.

```
namespace VirtualListView
{
  public partial class Form1 : Form
  {
    public List<string[]> items = new List<string[]>();
    public Form1()
    {
      InitializeComponent();
    }
  }
}
```

또한 아래와 같은 ListView의 이벤트 속성에서 RetrieveVirtualItem 이라는 이벤트핸들러를 작성하여 ListView와 Items을 연결하는 작업을 해준다.

```
private void MyVirtualListView_RetrieveVirtualItem
      (object sender, RetrieveVirtualItemEventArgs e)
{
  string[] cols = items[e.ItemIndex];
  e.Item = new ListViewItem(cols);
}
```

RetrieveVirtualItem 이벤트는 ListView의 에서 특정위치의 데이터를 보여줄때 발행하는 이벤트로 e.ItemIndex에 데이터번호가 저장되어 있으므로 실제데이터에서 해당 위치의 데이터를 ListView에 넘겨주는 역할을 해준다.

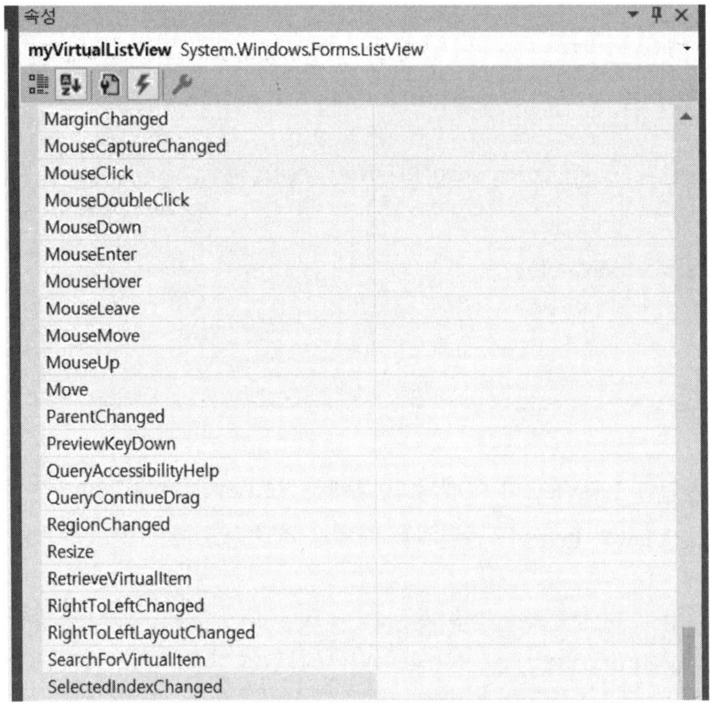

2) 데이터 생성 및 삭제 버튼 이벤트 핸들러 작성

생성버튼과 삭제버튼을 더블클릭하여 아래와 같은 코드를 입력한다. 프로그램에서 생성버튼을 누르면 2~3초 후에 리스트뷰 내용이 보이기 시작한다. 일반적인 ListView를 사용하게 되면 매우 오랫동안 실행되어 프로그램 사용하기가 불편해질 것이다.

```
private void BtnGenerateItems_Click(object sender, EventArgs e)
{
 for(int i=1;i<=1000000;i++)
 {
  string[] fields = new string[6];
  fields[0] = string.Format("{0}", i);
  fields[1] = string.Format("c{0}", i);
  fields[2] = string.Format("p{0}", i);
  fields[3] = "2020-03-20";
  fields[4] = string.Format("{0}", i);
  fields[5] = string.Format("{0}", i);
  items.Add(fields);
 }
```

```
  myVirtualListView.VirtualListSize = items.Count;
}
private void BtnDeleteItems_Click(object sender, EventArgs e)
{
  items.Clear();
  myVirtualListView.VirtualListSize = 0;
}
```

세부코드 설명은 아래와 같다.

코드	`for(int i=1;i<=1000000;i++)`
	`{`
	`  string[] fields = new string[6];`
	`  fields[0] = string.Format("{0}", i);`
	`  ...`
	`  fields[5] = string.Format("{0}", i);`
	`  items.Add(fields);`
	`}`

설명	반복문을 이용하여 items 리스트에서 생성된 문자열배열 fields를 삽입해준다.

코드	`myVirtualListView.VirtualListSize = items.Count;`
설명	ListView에서 가상모드로 보여줄 데이터의 갯수를 실제데이터 갯수로 설정해 준다.

리스트 뷰 데이터를 삭제하는 경우 아래코드가 실행된다.

코드	`items.Clear();` `myVirtualListView.VirtualListSize = 0;`
설명	실제데이터를 삭제하고, ListView에서 가상모드로 보여줄 데이터의 갯수를 0으로 설정해 준다.

Chapter 8

스마트운영계획 생성하기

일반적인 경영정보시스템은 업무의 저장과 수정 그리고 사후분석 기능만을 제공해 왔다. 기업운영은 이익을 극대화하고 비용을 최소화 하는 목표를 가지고 있고 경영정보시스템은 이러한 분야에 많은 정보를 줄 수 있다. 즉 이러한 정보를 활용하여 최적의 운영계획을 생성하고 집행할 수 있는데, 이러한 시스템을 스마트경영정보시스템이라고 할 수 있다. 최적의 운영계획은 아래와 같이 다양한 분야에서 수행될 수 있다.

분야	적용예	효과
제조업	• 최적의 생산계획을 만들어 생산을 진행한다.	• 이익 최대화 • 비용 최소화 • 생산시간 최소화 • 납기만족 최대화
서비스업	• 항공사의 운행스케줄 최적화	• 항공설비 활용 극대화 • 항공서비스 극대화 • 수익극대화
	• 인력근무 스케줄 최적화	• 인건비 최소화 • 직원만족도 최대화
물류업	• 화물적재 스케줄 최적화	• 화물운송수익 최대화
	• 수송경로 최적화	• 수송비용 및 시간 최소화

8.1 최적화기법 개요

최적화(Optimization)기법은 기업운영문제를 수학식으로 표현하고, 수학문제에 대한 답을 구하는 절차로 진행된다. 현재까지 기업운영문제에 많이 사용되는 최적화 기법은 아래와 같이 4가지로 요약할 수 있다. 문제의 성격에 따라 적절한 모델을 사용해야 한다.

- 선형계획법(Linear Programming)
- 정수계획법(Integer Programming)
- 네트워크모형(Network Model)
- 제약프로그래밍(Constraint Programming)

이러한 기법은 모델링 범용성, 풀이속도, 최적화성능 측면에서 아래와 같은 특징을 가지고 있다.

방법	모델링 범용성	풀이속도	최적화성능
선형계획법	문제를 선형식으로 표현한다. 모델링 범용성은 중간정도	매우 빠르다.	최적해를 빠르게 구할 수 있다. 해가 실수로 나오기 때문에 정수가 필요한 경우 사용할 수 없다.
네트워크모형	문제를 노드와 아크로 표현한다. 모델링이 쉽지만 적용분야가 제한적이다.	비교적 풀이속도가 빠르다.	최적해를 구할 수 있다.
정수계획법	선형계획법과 동일하게 문제를 선형식으로 표현한다. 해가 정수임	풀이속도가 약간 느리다.	최적 정수해를 구할 수 있다.
제약프로그래밍	어느 문제나 모델링이 가능해서 범용성이 높다.	풀이속도 느리다.	가능해를 빠르게 구하는 용도로 사용한다. 최적해를 구하기 위해서는 시간이 많이 걸릴 수 있다.

최적화기법을 이해하기 위해서는 수학적인 모델링에 대한 이해가 필요하다. 수학적인 모델은 기업운영문제를 수학식으로 표현하고 분석하여 적절한 답을 구하는 절차라고 말할 수 있다.

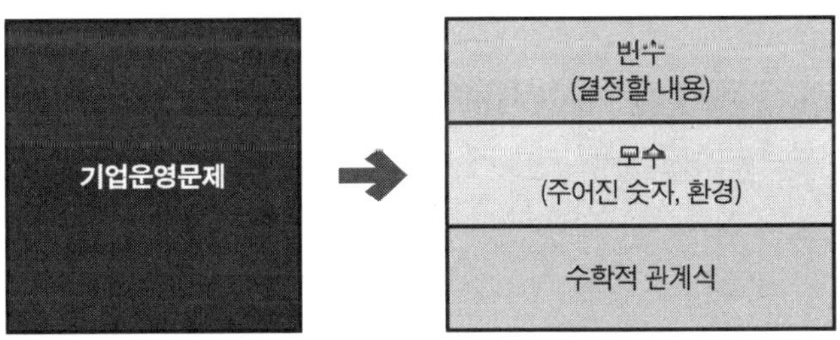

1) 선형계획법

수학적 모형(Mathematical Model)에서 수학관계식이 모두 선형식으로 표현된 경우 이를 선형계획법(Linear Programming)이라 한다. 문제를 선형식으로 표현하면 심플렉스법이라는 방법으로 빠르게 해를 구할 수 있게 된다.

선형계획법의 의미
• 모형의 틀을 나타내는 선형(=직선의 식) • 풀이방법을 나타내는 계획법(심플렉스법)을 나타냄

수학관계식이 선형이라는 의미는 변수.모수의 관계가 비례 혹은 반비례 관계가 있음을 나타낸다. 기업운영문제는 이러한 비례/반비례 식으로 표현될 수 있는 경우가 많으므로 실제 기업문제를 표현하기 좋은 수학적 방법이다. 선형계획법에서 수학관계식은 목적식과 제약식이 있다.

수학적 관계식	목적식	• 선형식으로 표현된 이익최대화, 비용최소화
	제약식	• 선형식으로 표현된 수요만족, 자원의한계 • 비음조건: 변수는 0보다 같거나 큰 실수값을 갖는다. • (현실문제는 음수가 없다)

선형계획법 모델링 예제를 해보도록 하자.

A공장에서는 2가지 제품을 생산하고 있고 2개의 작업장이 있다. 제품은 작업장마다 다른 작업시간이 필요하다. 제품별 이익은 다음 표와 같다.

	작업시간	
	M1	M2
S1	4	2
S2	2	6

제품	이익(천원)
S1	500
S2	400

M1 작업장의 주간 가동시간은 30시간이고 M2는 40시간이라고 하다. 인덕공장 주간 이익을 최대화하기 위해서 주간생산량을 어떻게 결정 하는 게 좋겠는가?

위 문제를 선형계획법으로 모델링 하면 다음과 같다.

1. 변수
x, y: 제품별 생산량

2. 목적식
이익을 최대화하도록 변수값을 결정한다.
이익을 수학식으로 표현하면 아래와 같다.
$500x+400y$

3. 제약식
작업장 작업시간 제약
$4x+2y \leqq 30$ (M1에서의 주간작업시간은 30시간을 초과할 수 없다.)
$2x+6y \leqq 40$ (M2에서의 주간작업시간은 40시간을 초과할 수 없다.)

○ 심플렉스법(Simplex method)의 원리

선형계획법으로 모델링된 문제를 풀기 위해서는 심플렉스법을 사용한다. 선형계획법 모델은 직선에 의해서 정의되기 때문에 변수(x,y)와 목적값(z)을 표현한 3차원 해공간은 아래 그림과 같이 볼록 다각형 모양이 된다.

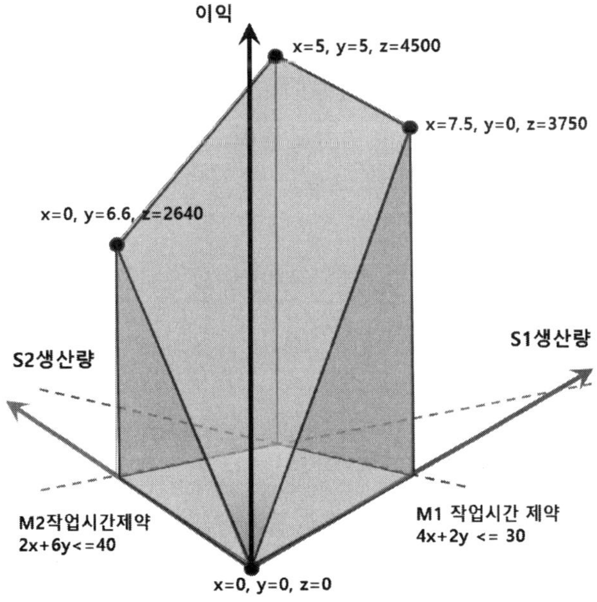

문제를 선형식으로 표현했기 때문에 꼭지점만 체크하면 최적해를 찾을 수 있다. 심플렉스법에서는 아래 절차를 반복하게 된다.

> ① 현재 위치에서 목적식을 상대적으로 크게 증가시키는 변수를 증가시켜본다.
> ② 변수 증가값은 제약식을 참고하여 작업장 남은 시간을 다 소비하는 개수 중 작은 값을 선택한다. (왜냐하면 큰 값을 선택하게 되면 타 작업장의 시간이 부족하여 생산 불가능하기 때문이다.)

위 작업을 반복하다가 더 이상 목적식을 증가시킬 수 있는 변수가 없으면 현재 해가 최적해가 된다.

2) 정수계획법

선형계획법의 심플렉스법은 실수해를 만들어 낸다. 예를 들어 생산계획에서 제약회사의 월 비타민 생산 개수가 1,000,000.3 개 가 나온 경우 정수로 변환하여 1,000,000개 생산해도 별 문제가 되지 않는다. 왜냐하면 알약 1개가 전체 비용에 그리 큰 변화를 만들지 않기 때문이다. 그러나 실수해를 실제 기업에 적용하기 위해서는 경우에 따라 불가능한 경우가 있다. 조선회사의 생산계획을 만들었는데 특수선생산 100.5대, 컨테이너선 200.4 대로 나온 경우 반올림하여 특수선 100대, 컨테이너션 200대를 생산하게 되면 괜찮을까? 이러한 선박을 만드는 비용은 수백억 비용이 발생하고, 최적해를 임으로 변경하면 최적해는 최악의 해가 될 수 있다. 그러므로 우리는 정수 최적해를 구할 수 있는 방법이 필요하다. 이러한 문제를 정수계획법이라고 한다.

기존 심플렉스법의 꼭지점만 찾아서는 정수해를 찾을 수 없다. 그래서 정수해를 탐색하는 방법을 써야 한다. 분지한계법은 심플렉스법과 탐색전략을 이용해서 비교적 빠르게 정수해를 찾는 방법을 제공한다.

○ 분지한계법(Branch and Bound Method)의 원리

- 실수해가 나온 변수의 탐색영역을 분리한다. 예를 들어 x가 4.7 이 나왔다면 두 개의 문제로 나누어 문제를 푼다. 즉 x<=4라는 제약을 추가한 문제와 x>=5라는 제약을 추가한 문제로 나눈다.
- 정수해를 발견할 때 까지 탐색영역을 계속 분리하여 심플렉스법으로 반복적으로

푼다.

- 기존 정수해와 비교하여 추가 탐색이 필요한지 판단한다. (불필요한 탐색을 하지 않는다.)

아래 선형계획법으로 표현된 최대화 문제를 고려해 보자.

$$\text{Max}\, z = 9x + 11y$$
$$2100x + 2270y \leqq 10000$$
$$100x + 180y \leqq 600$$

이 래그림은 위 문제를 풀기 위한 분지한계법 탐색절차를 표시한 것이다. 각 노드마다 새로운 제약을 추가하면서 심플렉스법으로 최적해를 구하는 작업을 반복하게 된다. 최적 정수해는 x=2, y=2, z=40 이다.

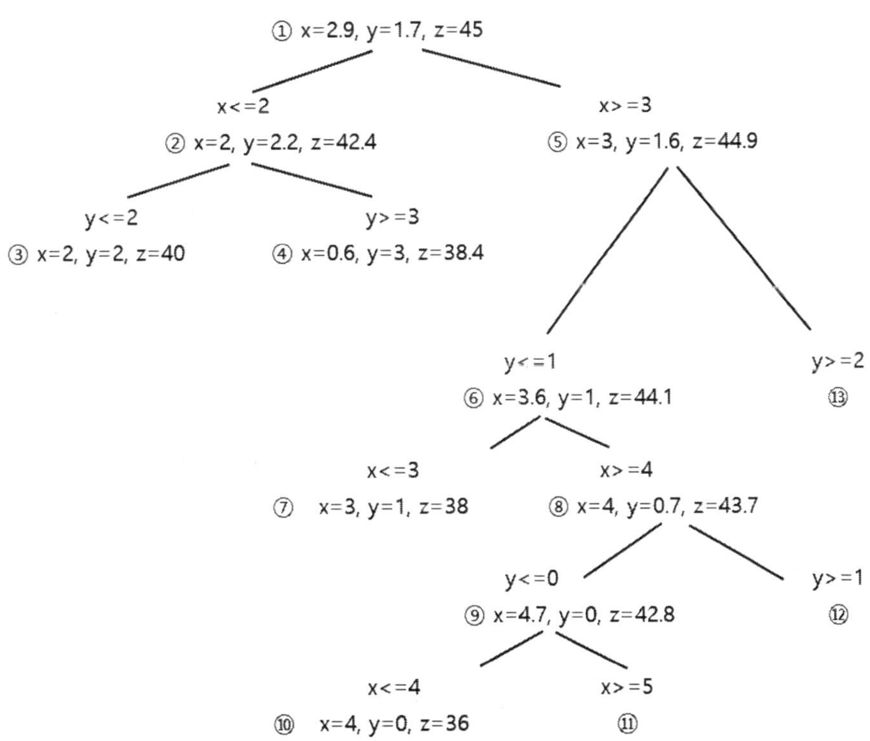

① 원 문제를 푼다. x=2.9, y=1.7이 나왔고 목적값 z=45가 나왔다. 모든 변수값이 실수가 나왔으므로 정수값을 찾기 위해서 일단 x변수를 두 영역으로 나누어 x <=2 제약과 x

>=3 제약으로 나누어 각각의 문제를 푼다.

② 원 문제에 x<=2 라는 제약을 추가하여 문제를 풀었더니 x=2, y=2.2이 나왔고 목적값 z=42.4가 나왔다. y값이 실수가 나왔으므로 y<=2 제약과 y>=3 제약으로 나누어 각각의 문제를 풀어본다.

③ 원 문제에 x<=2, y<=2 라는 제약을 추가하여 문제를 풀었더니 x=2, y=2가 나왔고 목적값 z=40이 나왔다. 모든 변수가 정수가 나왔으므로 이쪽 영역에서의 최적 정수해를 찾은 것이다.

④ 원 문제에 x<=2, y>=3 라는 제약을 추가하여 문제를 풀었더니 x=0.6, y=3가 나왔고 목적값 z=38.4가 나왔다. 이쪽 영역에서는 정수해를 찾기 위해 더 노력해도 (3)번에서 찾은 해보다 좋은 해가 나올 수 없으므로 이쪽 영역에서의 탐색을 중지한다.

⑤ 원 문제에 x>=3 라는 제약을 추가하여 문제를 풀었더니 x=3, y=1.6, 목적값 z=44.9가 나왔다. y가 실수가 나왔으므로 y<=1 제약과 y>=2 제약으로 나누어 각각의 문제를 풀어본다.

⑥ 원 문제에 x>=3, y<=1 제약을 추가하여 문제를 풀었더니 x=3.6, y=1가 나왔고 목적값 z=44.1이 나왔다. x가 실수가 나왔으므로 x<=3 제약과 x>=4 제약으로 나누어 각각의 문제를 풀어본다.

⑦ 원 문제에 x>=3, y<=1, x<=3 라는 제약을 추가하여 문제를 풀었더니 x=3, y=1가 나왔고 목적값 z=38가 나왔다. 모든 변수가 정수가 나왔으므로 이쪽 영역에서의 최적 정수해를 찾은 것이다. 그러나 (3)번에서 찾은 해보다는 좋은 해는 아니다.

⑧ 원 문제에 x>=3, y<=1, x>=4 제약을 추가하여 문제를 풀었더니 x=4, y=0.7가 나왔고 목적값 z=43.7이 나왔다. y가 실수가 나왔으므로 y<=0 제약과 y>=1 제약으로 나누어 각각의 문제를 풀어본다.

⑨ 원 문제에 x>=3, y<=1, x>=4, y<=0 제약을 추가하여 문제를 풀었더니 x=4.7, y=0이 나왔고 목적값 z=42.8이 나왔다. x가 실수가 나왔으므로 x<=4 제약과 x>=5 제약으로 나누어 각각의 문제를 풀어본다.

⑩ 원 문제에 x>=3, y<=1, x>=4, y<=0, x<=4 제약을 추가하여 문제를 풀었더니 x=4, y=0이 나왔고 목적값 z=36이 나왔다. 모든 변수가 정수가 나왔으므로 이쪽 영역에서의 최적 정수해를 찾은 것이다. 그러나 (3)번에서 찾은 해보다는 좋은 해는 아니다.

⑪ 원 문제에 x>=3, y<=1, x>=4, y<=0, x>=5 제약을 추가하여 문제를 풀었더니 해 찾는 것이 불가능하다.

⑫ 원 문제에 x>=3, y<=1, x>=4, y>=1 제약을 추가하여 문제를 풀었더니 해 찾는 것이 불가능하다.

⑬ 원 문제에 x>=3, y>=2 제약을 추가하여 문제를 풀었더니 해 찾는 것이 불가능하다.

가능한 탐색을 마치고 나서 현재까지 발견된 최적의 해(3번 절차에서 발견된 해)가 위 문제의 답인 것이다.

3) 네트워크모형(Network Model)

네트워크모형(Network model)은 모델링을 쉽게 할 수 있도록 단순화한 방법이고 문제 유형에 따라 풀이방법이 개발되어 있어서 풀이 시간도 비교적 빠른편이다. 네트워크모형은 아래 그림과 같이 어떤 문제를 노드(Node)와 아크(Arc)로 표현하는 수학적 모형이다.

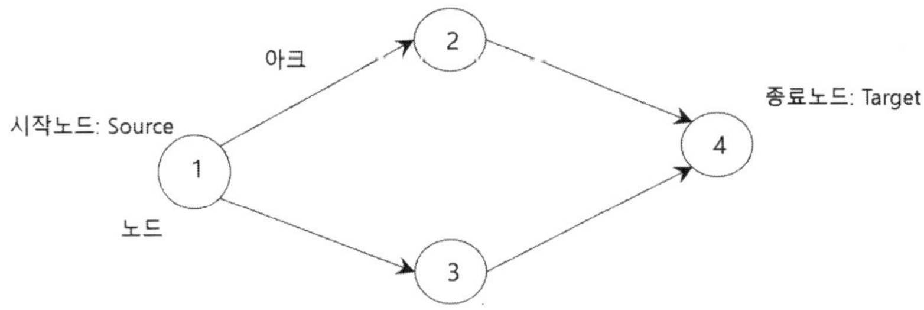

일반적인 문제를 네트워크로 표현할 때 노드는 시간적 지점(사건의 발생시점, 진행단계) 혹은 공간적지점(도시, 물류센타) 등을 표현한다. 아크는 시간의 흐름, 물류의 흐름을 표현하며 방향성이 있고 용량과 비용이 주어질 수 있다. 네트워크 모형은 아래와 같이 4가지로 나눌 수 있다.

① 최소비용흐름문제: S에서 T까지 특정량을 최소비용으로 보내는 방법을 찾는 눈제
② 최대흐름문제: S에서 T까지 많이 보낼수 있는 방법을 찾는 문제
③ 최단경로문제: S에서 T까지 가장 짧은 경로를 찾는 문제
④ 최소걸침나무문제: 노드를 모두 연결하되 거리의 합을 최소화 하는 경로를 찾는 문제

4) 제약프로그래밍(Constraint Programming)

CP 는 변수에 대한 제약식을 선형식과 논리식으로 다양하게 표현가능하다. CP 모델에서는 효과적으로 탐색할 수 있는 전략을 사용하여 빠르게 해를 찾는 것을 목표로 한다. CP 는 변수의 도메인축소(Domain Reduction) 기법을 이용하여 변수 탐색을 최소화하는 방법을 사용한다. 아래와 같은 정수 변수를 생각해보자.

- x domain is [5...20]
- y domain is [0...10]

만일 위 변수에 x < y 라고 하는 논리제약이 추가되면 어떻게 될까. x가 10 이상이 되면 제약을 만족하는 y를 구할 수 없게 되므로 x는 [5...9] 로 도메인이 축소된다. 비슷한 로직으로 y가 6보다 작게 되면 제약을 만족하는 x를 구할 수 없으므로 y의 도메인은 [6...10]이 된다. 이렇게 탐색 영역를 줄여가며 모든 제약을 만족하는 x,y값을 빨리 찾아나가게 된다. 최적화 문제에서는 이러한 가능한 해를 만들고 이들 중 목적값을 최대화 혹은 최소화 시키는 해를 선택하면 좋은 해를 빨리 찾을 수 있게 된다.

8.2 Google OR-Tools 설치하기

OR-Tools는 Google 이 만든 오픈소스 조합최적화 소프트웨어이며 Constraint Programming, Linear and Mixed-Integer Programming, Vehicle Routing, Graph Algorithms 을 풀 수 있는 엔진을 가지고 있다. 이러한 도구는 라이브러리형태로 제공되며 C++, Python, Java, C# 프로그래밍 언어 환경에서 객체형태로 호출하여 사용할 수 있다. Windows C#에서 OR-Tools를 사용하려면 아래 그림과 같이 프로젝트의 참조> Nuget패키지관리에서 google.Protobuf와 google.Ortools 를 설치해야 한다.

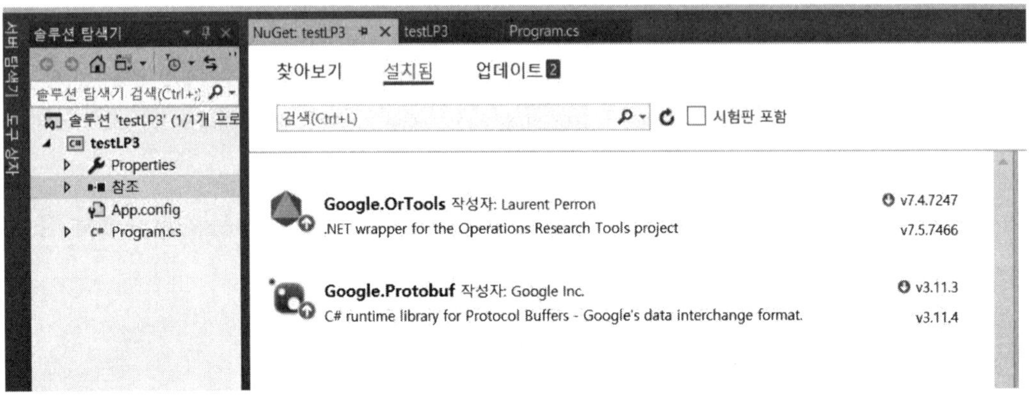

또한 프로젝트 빌드속성에서 플랫폼대상은 x64로 설정해야 한다.

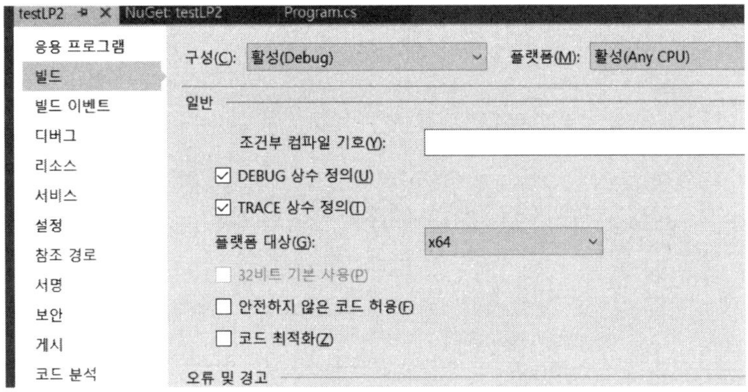

다음 내용은 OR-Tools 대표적 예제를 소개하고 있다. 독자들은 Visual Studio 를 이용하여 실습해 볼 수 있다.

8.3 선형계획법을 이용한 최적생산계획

① Visual Studio에서 콘솔 응용 프로그램 프로젝트를 생성한다. 그리고 Nuget 패키지관리에서 google.Protobuf 와 google.Ortools 를 설치한다. 또한 프로젝트 빌드속성에서 플랫폼대상은 x64로 설정한다.

② 상단에 아래와 같은 using 문을 입력해 준다.

```
using Google.OrTools.LinearSolver;
```

아래와 같은 선형계획법 문제를 풀기 위한 코드를 Main() 메소드에 작성해 본다.

$$\text{Maximize } 500x + 400y$$
$$4x + 2y \leqq 30$$
$$2x + 6y \leqq 40$$

```
Solver solver
 = Solver.CreateSolver("LPProgram", "GLOP_LINEAR_PROGRAMMING");
Variable x = solver.MakeNumVar(0.0, double.PositiveInfinity, "x");
```

```
Variable y = solver.MakeNumVar(0.0, double.PositiveInfinity, "y");

Constraint ct1 = solver.MakeConstraint(0.0, 30, "ct1");
ct1.SetCoefficient(x, 4);
ct1.SetCoefficient(y, 2);
Constraint ct2 = solver.MakeConstraint(0.0, 40, "ct2");
ct2.SetCoefficient(x, 2);
ct2.SetCoefficient(y, 6);

Objective objective = solver.Objective();
objective.SetCoefficient(x, 500);
objective.SetCoefficient(y, 400);
objective.SetMaximization();

solver.Solve();
Console.WriteLine("Solution:");
Console.WriteLine("Objective value = " + solver.Objective().Value());
Console.WriteLine("x = " + x.SolutionValue());
Console.WriteLine("y = " + y.SolutionValue());
Console.Read();
```

위 프로그램의 실행결과는 다음과 같다.

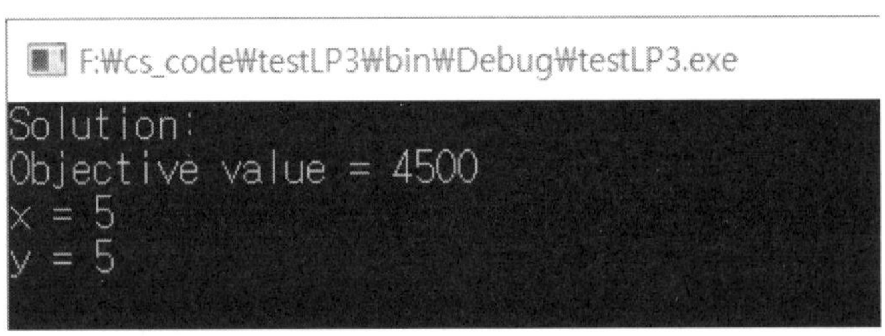

세부코드 설명은 아래와 같다.

코드	Solver solver =Solver.CreateSolver("LPProgram", "GLOP_LINEAR_PROGRAMMING");
설명	최적화모델 객체 solver를 생성한다. CreateSolver(프로그램이름, 엔진종류) 형식으로 생성한다. 엔진종류는 아래와 같다.

설명	**엔진종류**	**설명**
	CLP_LINEAR_PROGRAMMING	Coin-or LP엔진
	GLOP_LINEAR_PROGRAMMING	OR-tools 에서 권장하는 LP엔진
	CBC_MIXED_INTEGER_PROGRAMMING	Coin-or branch and cut 정수계획법 엔진
	BOP_INTEGER_PROGRAMMING	Linear Boolean Programming 0-1변수 처리 엔진
	SAT_INTEGER_PROGRAMMING	정수와 0-1변수만 다룰 수 있는 엔진

코드

```
Variable x = solver.MakeNumVar(0.0, double.PositiveInfinity, "x");
Variable y = solver.MakeNumVar(0.0, double.PositiveInfinity, "y");
```

설명 0~무한대 실수값을 가지는 변수 x, y 를 생성한다.

코드

```
Constraint ct1 = solver.MakeConstraint(0.0, 30, "ct1");
ct1.SetCoefficient(x, 4);
ct1.SetCoefficient(y, 2);
```

설명 $0 \leqq 4x + 2y \leqq 30$ 형식의 수학제약식을 생성한다.

코드

```
Objective objective = solver.Objective();
objective.SetCoefficient(x, 500);
objective.SetCoefficient(y, 400);
objective.SetMaximization();
```

설명 최대화 목적식 $500x + 400y$를 생성한다.

코드

```
solver.Solve();
```

설명 최적화 알고리즘을 실행해서 해를 구한다.

코드

```
solver.Objective().Value()
```

설명 알고리즘 실행후 목적식 값을 가져온다.

코드

```
x.SolutionValue()
y.SolutionValue()
```

설명 알고리즘 실행후 변수 값을 가져온다.

8.4 정수계획법을 이용한 최적생산계획

선형계획법 예제와 동일하게 프로젝트를 생성하고 아래와 같은 코드를 입력한다.

```
Solver solver
= Solver.CreateSolver("MipProgram", "CBC_MIXED_INTEGER_PROGRAMMING");

Variable x = solver.MakeIntVar(0.0, double.PositiveInfinity, "x");
Variable y = solver.MakeIntVar(0.0, double.PositiveInfinity, "y");

solver.Add(2100*x + 2270 * y <= 10000);
solver.Add(100*x+180*y <=600);
solver.Maximize(9*x + 11 * y);

Solver.ResultStatus resultStatus = solver.Solve();
if (resultStatus != Solver.ResultStatus.OPTIMAL)
{
 Console.WriteLine("The problem does not have an optimal solution!");
 return;
}
Console.WriteLine("Solution:");
Console.WriteLine("Objective value = " + solver.Objective().Value());
Console.WriteLine("x = " + x.SolutionValue());
Console.WriteLine("y = " + y.SolutionValue());

Console.WriteLine("Problem solved in " + solver.WallTime() + " milliseconds");
Console.Read();
```

실행결과는 다음과 같다. 최적정수해는 x=2, y=2, 목적값은 40 이다.

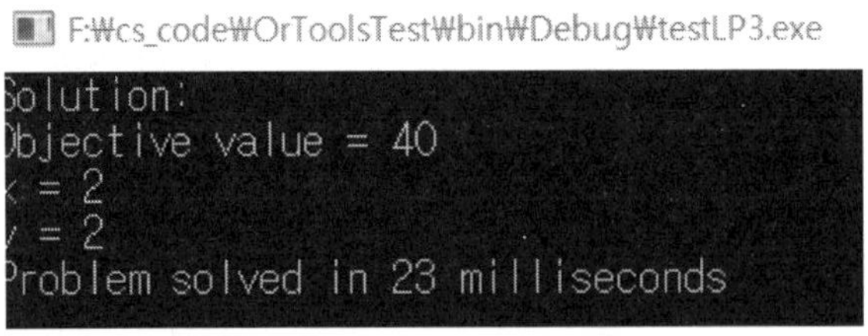

정수계획법 프로그램은 앞에 선형계획법 코드와 유사하다. 세부 코드 설명은 다음과 같다.

코드	`Solver solver` `= Solver.CreateSolver("MipProgram", "CBC_MIXED_INTEGER_PROGRAMMING");`
설명	정수계획법을 풀수 있는 solver 객체를 생성한다. 엔진종류는 CBC_MIXED_INTEGER_PROGRAMMING를 사용하였다.

코드	`Variable x = solver.MakeIntVar(0.0, double.PositiveInfinity, "x");` `Variable y = solver.MakeIntVar(0.0, double.PositiveInfinity, "y");`
설명	정수 변수 x,y를 생성한다. 정수변수는 MakeIntVar() 함수를 사용한다.

코드

```
Solver.ResultStatus resultStatus = solver.Solve();
if (resultStatus != Solver.ResultStatus.OPTIMAL)
{
  ...
}
```

설명: 최적화 알고리즘을 결과 상태를 받아오고 사용자에게 알려준다. 문제자체가 최적해를 구할 수 없는 경우도 있고 모델링에 문제가 있는 경우도 있다.

8.5 배열을 이용한 대형 생산계획문제 모델링

실제 기업예제는 많은 변수와 제약식을 표현해야 한다. 이러한 경우 배열을 이용하여 많은 변수와 제약식을 쉽게 표현할 수 있다. 아래 선형계획법 문제를 풀어보자.

$$\text{Maximize } 7x_1 + 8x_2 + 2x_3 + 9x_4 + 6x_5$$
$$5x_1 + 7x_2 + 9x_3 + 2x_4 + 1x_5 \leqq 250$$
$$18x_1 + 4x_2 - 9x_3 + 10x_4 + 12x_5 \leqq 285$$
$$4x_1 + 7x_2 + 3x_3 + 8x_4 + 5x_5 \leqq 211$$
$$5x_1 + 13x_2 + 16x_3 + 3x_4 - 7x_5 \leqq 315$$

아래 코드를 입력하고 실행해 보자.

(https://developers.google.com/optimization/mip/mip_var_array 에서 참조함)

```
class DataModel
{
 public double[,] ConstraintCoeffs = {
   {5, 7, 9, 2, 1},
   {18, 4, -9, 10, 12},
   {4, 7, 3, 8, 5},
   {5, 13, 16, 3, -7},
 };
 public double[] Bounds = { 250, 285, 211, 315 };
 public double[] ObjCoeffs = { 7, 8, 2, 9, 6 };
 public int NumVars = 5;
 public int NumConstraints = 4;
}
class Program
{
 static void Main(string[] args)
 {
  DataModel data = new DataModel();
  Solver solver = Solver.CreateSolver("MipProgram",
         "CBC_MIXED_INTEGER_PROGRAMMING");
  Variable[] x = new Variable[data.NumVars];
  for (int j = 0; j < data.NumVars; j++)
  {
   x[j] = solver.MakeIntVar(0.0,
       double.PositiveInfinity, String.Format("x_{0}", j));
  }
  for (int i = 0; i < data.NumConstraints; ++i)
  {
   Constraint constraint = solver.MakeConstraint(0, data.Bounds[i], "");
   for (int j = 0; j < data.NumVars; ++j)
   {
    constraint.SetCoefficient(x[j], data.ConstraintCoeffs[i, j]);
   }
  }
  Objective obj = solver.Objective();
  for (int j = 0; j < data.NumVars; ++j)
  {
   obj.SetCoefficient(x[j], data.ObjCoeffs[j]);
   obj.SetMaximization();
  }
  solver.Solve();
  Console.WriteLine("Solution:");
```

```
  Console.WriteLine("Optimal obj value = " + solver.Objective().Value());
  for (int j = 0; j < data.NumVars; ++j)
  {
   Console.WriteLine("x[" + j + "] = " + x[j].SolutionValue());
  }
  Console.WriteLine("Problem solved in " + solver.WallTime() + " msec");
  Console.Read();
 }
}
```

실행결과는 다음과 같다.

F:₩cs_code₩OrToolsTest₩bin₩Debug₩testLP3.exe

```
Solution:
Optimal objective value = 260
x[0] = 10
x[1] = 16
x[2] = 4
x[3] = 4
x[4] = 3
Problem solved in 55 milliseconds
Problem solved in 315 iterations
Problem solved in 13 branch-and-bound nodes
```

세부 코드 설명은 다음과 같다.

코드

```
class DataModel
{
 public double[,] ConstraintCoeffs = {
    {5, 7, 9, 2, 1},
    {18, 4, -9, 10, 12},
    {4, 7, 3, 8, 5},
    {5, 13, 16, 3, -7},
  };
  public double[] Bounds = { 250, 285, 211, 315 };
  public double[] ObjCoeffs = { 7, 8, 2, 9, 6 };
  public int NumVars = 5;
  public int NumConstraints = 4;
}
```

설명	모델을 구성하는 계수를 저장하는 클래스 DataModel을 정의한다.

ConstrintCoeffs	제약식에서 사용되는 계수
Bound	제약식의 우변상수
ObjCoeffs	목적식 계수
NumVars	변수 개수
NumConstraints	제약식 개수

코드

```
for (int i = 0; i < data.NumConstraints; ++i)
{
 Constraint constraint = solver.MakeConstraint(0, data.Bounds[i], "");
 for (int j = 0; j < data.NumVars; ++j)
 {
  constraint.SetCoefficient(x[j], data.ConstraintCoeffs[i, j]);
 }
}
```

설명

제약식개수만큼 for문을 반복하고, 내부에서는 변수개수만큼 for문을 돌려서 빈제약식을 생성한다. 빈 제약식을 만들고 DataModel 객체를 사용하여 계수 및 우변상수를 설정한다.

코드

```
Objective obj = solver.Objective();
for (int j = 0; j < data.NumVars; ++j)
{
 obj.SetCoefficient(x[j], data.ObjCoeffs[j]);
 obj.SetMaximization();
}
```

설명

빈 목적식을 만들고 변수 개수만큼 for문을 반복하고 DataModel 객체를 사용하여 계수를 설정한다.

8.6 네트워크모델을 이용한 물류 수송계획

아래 네트워크 모델은 각 아크에 용량과 수송비용이 주어지면서, 시작노드 0에서 종료노드 5까지 수량 120을 최소비용으로 보내는 방법을 찾는 모델이다.

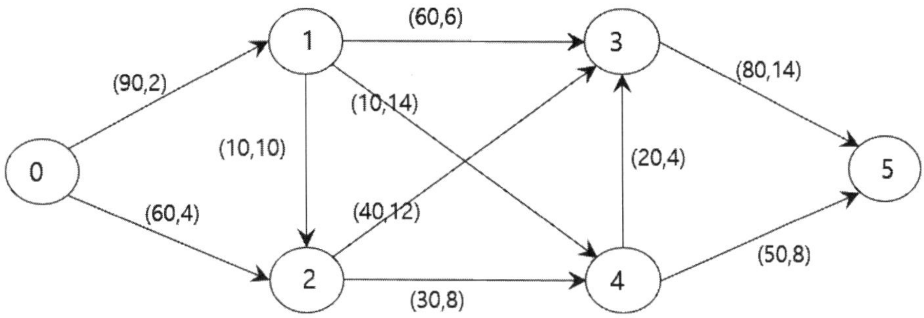

아래 코드를 입력하고 실행해 보자.

```
int numNodes = 6;
int numArcs = 10;
int[] startNodes = {0,0,1,1,1,2,2,3,4,4};
int[] endNodes  = {1,2,2,3,4,3,4,5,3,5};
int[] capacities = {90, 60, 10, 60, 10, 40, 30, 80, 20, 50};
int[] unitCosts = {2, 4, 10, 6, 14, 12, 8, 14, 4, 8};
int[] supplies = {120, 0, 0, 0, 0, -120};

MinCostFlow minCostFlow = new MinCostFlow();
for (int i = 0; i < numArcs; ++i)
{
 int arc
  = minCostFlow.AddArcWithCapacityAndUnitCost
    (startNodes[i],endNodes[i],capacities[i],unitCosts[i]);
}
for (int i = 0; i < numNodes; ++i)
{
  minCostFlow.SetNodeSupply(i, supplies[i]);
}
MinCostFlow.Status solveStatus = minCostFlow.Solve();
if (solveStatus == MinCostFlow.Status.OPTIMAL)
{
  long optimalCost = minCostFlow.OptimalCost();
  Console.WriteLine("Minimum cost: " + optimalCost);
  Console.WriteLine("");
  Console.WriteLine(" Edge  Flow / Capacity Cost");
  for (int i = 0; i < numArcs; ++i)
  {
    long cost = minCostFlow.Flow(i) * minCostFlow.UnitCost(i);
    Console.WriteLine(minCostFlow.Tail(i) + " -> " +
          minCostFlow.Head(i) + "  " +
```

```
            string.Format("{0,3}", minCostFlow.Flow(i)) + " / " +
            string.Format("{0,3}", minCostFlow.Capacity(i)) + "    " +
            string.Format("{0,3}", cost));
    }
  }
  else
  {
    Console.WriteLine("Solving failed. Solver status:"+solveStatus);
  }
  Console.Read();
```

실행결과는 다음과 같다.

```
Minimum cost: 2760

 Edge   Flow / Capacity  Cost
0 -> 1   70  /  90       140
0 -> 2   50  /  60       200
1 -> 2    0  /  10         0
1 -> 3   60  /  60       360
1 -> 4   10  /  10       140
2 -> 3   20  /  40       240
2 -> 4   30  /  30       240
3 -> 5   80  /  80       1120
4 -> 3    0  /  20         0
4 -> 5   40  /  50       320
```

위 솔루션은 아래 그림과 같은 최적 수송방법을 제시하고 있다. 총 수송비용은 2760이다.

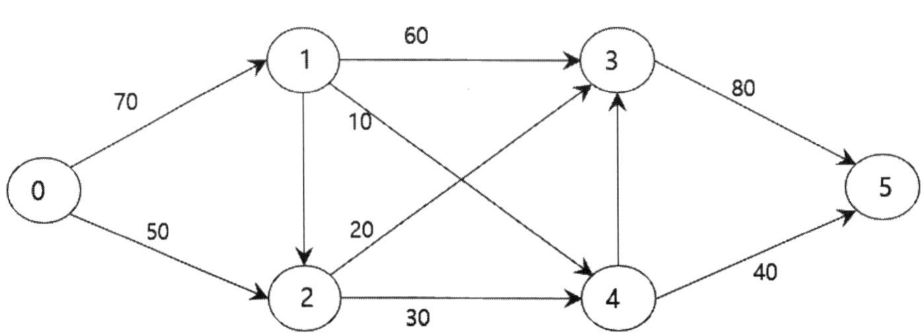

세부 코드 설명은 다음과 같다.

코드

```
int numNodes = 6;
int numArcs = 10;
```

설명

노드 수와 아크 수를 저장한다.

코드

```
int[] startNodes = { 0,0,1,1,1,2,2,3,4,4 };
int[] endNodes  = { 1,2,2,3,4,3,4,5,3,5 };
```

설명

10개의 아크에 대한 시작노드와 종료노드를 순서대로 저장한다.

코드

```
int[] capacities = { 90, 60, 10, 60, 10, 40, 30, 80, 20, 50 };
int[] unitCosts = { 2, 4, 10, 6, 14, 12, 8, 14, 4, 8 };
```

설명

10개의 아크에 대한 용량과 수송비용을 순서대로 저장한다.

코드

```
int[] supplies = { 120, 0, 0, 0, 0, -120 };
```

설명

6개 노드에 대한 공급량을 순서대로 저장한다. 노드 0은 120을 공급하고, 노드 5는 120을 받기만 함으로 음수로 설정했다. 나머지 노드는 모두 받아서 모두 내보내는 역할을 하므로 공급량은 0이다.

코드

```
MinCostFlow minCostFlow = new MinCostFlow();
```

설명

최소비용 네트워크 모형 개체(minCostFlow)를 생성한다.

코드

```
for (int i = 0; i < numArcs; ++i)
{
 int arc
  = minCostFlow.AddArcWithCapacityAndUnitCost
   (startNodes[i], endNodes[i], capacities[i], unitCosts[i]);
}
```

설명

10개 아크를 생성한다. 아크생성함수는 시작노드번호,종료노드번호,용량,수송비용을 인자로 받는다.

코드

```
for (int i = 0; i < numNodes; ++i)
{
 minCostFlow.SetNodeSupply(i, supplies[i]);
}
```

설명 각 노드의 공급량을 설정한다.

코드

```
for (int i = 0; i < numNodes; ++i)
{
 minCostFlow.SetNodeSupply(i, supplies[i]);
}
```

설명 각 노드의 공급량을 설정한다.

코드

```
MinCostFlow.Status solveStatus = minCostFlow.Solve();
```

설명 최소비용흐름문제를 풀고, 풀이결과 상태를 solveStatus에 저장한다.

코드

```
if (solveStatus == MinCostFlow.Status.OPTIMAL)
{
  ...
}
else
{
  ...
}
```

설명 최적해를 찾았으면 해의 상세정보를 보여주는 조건문이다. 모델에 문제가 있어 해를 찾을수 없으면 else 문이 실행된다.

코드

```
long optimalCost = minCostFlow.OptimalCost();
Console.WriteLine("Minimum cost: " + optimalCost);
```

설명 최적해에서 구해진 총수송비용을 가져오고, 화면에 보여준다.

코드

```
for (int i = 0; i < numArcs; ++i)
{
 ...
}
```

설명 for문으로 각 아크에서 대해서 구해진 해의 정보를 보여준다.

코드	`long cost = minCostFlow.Flow(i) * minCostFlow.UnitCost(i);`
설명	i 번째 아크의 흐름량*단위비용을 계산하여 아크비용을 계산한다.

코드	`minCostFlow.Tail(i) + "->" + minCostFlow.Head(i)`
설명	i번째 아크의 시작노드 -> 종료노드 형태로 노드번호를 표시한다.

코드	`string.Format("{0,3}", minCostFlow.Flow(i))`
	`+ " / " +`
	`string.Format("{0,3}", minCostFlow.Capacity(i))`

설명	i번째 아크의 실제흐름량/흐름용량 정보를 표시한다.

코드	`string.Format("{0,3}", cost)`
설명	앞에서 구한 아크비용을 표시한다.

8.7 Constraint Programming을 이용한 직원근무계획

CP는 복잡한 제약이 있는 상황에서 모든 제약을 만족하는 해를 빨리 구하는 문제에 많이 사용된다. 아래 간호사(Nurse) 스케줄링 예제에서는 목적식이 정의되지 않고 제시된 제약을 만족하는 근무스케줄은 빠르게 생성해 준다. 사용되는 변수 구조는 다음 그림과 같다. 근무일(day)은 7일로 정의되었고, 교대근무(shift)는 4개, 총 nurse 수는 4명이다. 변수는 총 112개가 정의된다. shift 0에 할당된 경우는 휴무를 뜻한다. 그림에서 1로 표현된 것이 할당되었다는 뜻이다. 할당되지 않는 경우는 0이 할당된다.

	shift	일(0)	월(1)	화(2)	수(3)	목(4)	금(5)	토(6)
nurse0	0(휴무)	1	1					
	1							
	2							
	3			1	1	1	1	1
	shift	일(0)	월(1)	화(2)	수(3)	목(4)	금(5)	토(6)
nurse1	0(휴무)			1				
	1							
	2				1	1	1	1
	3	1	1					
	shift	일(0)	월(1)	화(2)	수(3)	목(4)	금(5)	토(6)
nurse2	0(휴무)					1		1
	1				1		1	
	2	1	1	1				
	3							
	shift	일(0)	월(1)	화(2)	수(3)	목(4)	금(5)	토(6)
nurse3	0(휴무)				1		1	
	1	1	1	1		1		1
	2							
	3							

전체 코드는 아래와 같은 구조를 가진다.

```
// 필요한 외부 네임스페이즈 지정
namespace CPExample
{
  class Program
  {
    static void Main(string[] args)
    {
      // 변수 생성
      // 제약설정
      // CP 모델 생성 및 풀이
      // 현재 해를 파일에 저장
    }
  }
}
```

필요한 네임스페이스 지정 코드는 다음과 같다.

```
using System;
using System.IO;
using System.Collections.Generic;
using System.Linq;
using System.Text;
using System.Threading.Tasks;
using Google.OrTools.Graph;
using Google.OrTools.Sat;
```

변수 생성 코드는 다음과 같다.

```
int num_nurses = 4;
int num_shifts = 4;
int num_days = 7;

var all_nurses = Enumerable.Range(0, num_nurses);
var all_shifts = Enumerable.Range(0, num_shifts);
var all_working_shifts = Enumerable.Range(1, num_shifts - 1);
var all_days = Enumerable.Range(0, num_days);

// Creates the model.
CpModel model = new CpModel();

// Creates shift variables.
// shift[n, d, s]: nurse "n" works shift "s" on day "d".

IntVar[,,] shift = new IntVar[num_nurses, num_days, num_shifts];
foreach (int n in all_nurses)
{
  foreach (int d in all_days)
  {
    foreach (int s in all_shifts)
    {
      shift[n, d, s] =
       model.NewBoolVar(String.Format("shift_n{0}d{1}s{2}", n, d, s));
    }
  }
}
```

변수 생성코드의 세부 설명은 다음과 같다.

코드

```
int num_nurses = 4;
int num_shifts = 4;
int num_days = 7;
```

설명

nurse(간호사) 수, shift(교대근무) 수, 근무일 수를 지정한다.

코드

```
var all_nurses = Enumerable.Range(0, num_nurses);
var all_shifts = Enumerable.Range(0, num_shifts);
var all_working_shifts = Enumerable.Range(1, num_shifts - 1);
var all_days = Enumerable.Range(0, num_days);
```

설명

구간변수를 지정한다. Enumerable.Range(시작번호, 개수)를 이용한다. 각 변수는 아래와 같은 정수배열을 저장한다.

all_nurses: 0, 1, 2, 3
all_shifts: 0, 1, 2, 3
all_working_shifts: 1, 2, 3 (실제 근무하는 shift)
all_days: 0, 1, 2, 3, 4, 5, 6

코드

```
IntVar[,,] shift = new IntVar[num_nurses, num_days, num_shifts];
```

설명

IntVar 는 정수값을 가지는 변수를 의미하며, shift는 IntVar변수의 3차원배열이다.

코드

```
shift[n, d, s] =
  model.NewBoolVar(String.Format("shift_n{0}d{1}s{2}"
  , n, d, s));
```

설명

shift[n,d,s]는 n번째 nurse가 d날짜의 s번째 shift에서의 근무여부를 결정하는 이진변수를 의미한다. NewBoolVar() 함수는 이진변수를 정의하는 함수이며 변수이름을 문자열로 지정했다.

제약표현은 다음과 같이 총 5개 존재한다.

<table>
<tr><th colspan="2">각 shift에는 한 명의 nurse만 근무</th></tr>
<tr><td>코드</td><td><pre>foreach (int d in all_days)
{
  foreach (int s in all_shifts)
  {
    IntVar[] tmp = new IntVar[num_nurses];
    foreach (int n in all_nurses)
    {
      tmp[n] = shift[n, d, s];
    }
    model.Add(LinearExpr.Sum(tmp) == 1);
  }
}</pre></td></tr>
<tr><td>설명</td><td>하나의 shift에는 한명의 nurse 만 할당되어야 하는 제약 표현이 필요하다. tmp 배열변수는 특정 날짜와 특정 shift의 모든 근무변수를 모은 것이다. 한명의 nurse 만 할당되어야 하기 때문에 tmp의 합은 1과 같아야 한다. LinearExpr.Sum(tmp) 함수는 tmp배열 변수의 합을 계산하는 식이다.</td></tr>
</table>

<table>
<tr><th colspan="2">간호사가 하루에 하나의 shift에서만 근무</th></tr>
<tr><td>코드</td><td><pre>foreach (int n in all_nurses)
{
  foreach (int d in all_days)
  {
    IntVar[] tmp = new IntVar[num_shifts];
    foreach (int s in all_shifts)
    {
      tmp[s] = shift[n, d, s];
    }
    model.Add(LinearExpr.Sum(tmp) == 1);
  }
}</pre></td></tr>
<tr><td>설명</td><td>tmp 배열변수는 특정 간호사의 특정 날짜의 모든 근무여부변수 모은 것이다. 하루에 하나의 교대근무만 할당되도록 하기 위해서는 tmp 배열변수의 합이 1이 되어야 한다.</td></tr>
</table>

간호사가 일주일에 5번 혹은 6번만 근무하도록 하라.	

코드	<pre>foreach (int n in all_nurses)
	{
	  IntVar[] tmp = new IntVar[num_days];
	  foreach (int d in all_days)
	  {
	    tmp[d] = shift[n, d, 0];
	  }
	  model.AddLinearConstraint(LinearExpr.Sum(tmp), 1, 2);
	}</pre>

설명	모든 간호사가 shift0(휴무)에 할당되는 것이 1번 혹은 2번 되도록 하면 위 제약을 만족하는 식을 만들 수 있다. 위 코드에서 tmp배열 변수는 특정 간호사의 일주일간 휴무배정변수를 모은 것이다. tmp배열 변수의 합이 1 혹은 2가 되도록 하는 제약을 사용하였다. "AddLinearConstraint(LinearExpr.Sum(tmp), 1, 2)" 코드의 의미는 "1 <= tmp배열변수의 합 <= 2"를 의미한다.

일주일동안 각 교대근무(shift)에 근무하는 간호사가 최대 2명이하가 되도록 하라.	

코드	<pre>IntVar[,] works_shift = new IntVar[num_nurses, num_shifts];
	foreach (int n in all_nurses)
	{
	  foreach (int s in all_shifts)
	  {
	    works_shift[n, s]
	     =model.NewBoolVar(
	     String.Format("works_shift_n{0}s{1}",n, s));
	    IntVar[] tmp1 = new IntVar[num_days];
	    foreach (int d in all_days)
	    {
	     tmp1[d] = shift[n, d, s];
	    }
	    model.AddMaxEquality(works_shift[n, s], tmp1);
	  }
	}
	foreach (int s in all_working_shifts)
	{
	  IntVar[] tmp2 = new IntVar[num_nurses];
	  foreach (int n in all_nurses)
	  {</pre>

코드	```
	    tmp2[n] = works_shift[n, s];
	  }
	  model.Add(LinearExpr.Sum(tmp2) <= 2);
	}
	``

설명	제약을 표현하기 위해 works_shift라는 이진변수를 만들어 사용하였다. works_shift 는 특정 간호사가 특정 shift 할당여부를 나타내는 변수이다. 코드에서 tmp1 배열변수는 특정 간호사의 특정 shift 변수들을 모은 것이며 model.AddMaxEquality(works_shift[n, s], tmp1) 함수는 아래와 같은 제약을 표현하고 있다. works_shift[n,s] == max(tmp1) 결과적으로 tmp1변수에 하나라도 할당이 되면 works_shift변수는 1이 되고, tmp1변수에 할당이 되지 않으면 works_shift변수는 0이 된다. 가 shift에 근무하는 간호사가 최대 2명 이하가 되는 제약을 표현하기 위해서 tmp2라는 배열변수는 특정 shift에서 근무하는 간호사의 works_shift변수를 모은 것이다. tmp2의 합이 2이하가 되도록 "LinearExpr.Sum(tmp2) <= 2"라는 제약식을 사용하였다.

shift 2와 3에 대해서 어떤 nurse 가 근무했으면, 이전날(yesterday) 혹은 다음날(tomorrow)에도 똑같은 nurse 가 근무를 해야 한다

코드

```
foreach (int n in all_nurses)
{
  for (int s = 2; s <= 3; ++s)
  {
    foreach (int d in all_days)
    {
      int yesterday = ( d == 0 ? num_days - 1 : d - 1);
      int tomorrow = (d == num_days - 1 ? 0 : d + 1);
      model.AddBoolOr(new ILiteral[] { shift[n, yesterday, s],
      shift[n, d, s].Not(),
      shift[n, tomorrow, s] });
    }
  }
}
```

설명

위 제약은 특정 nurse의 shift 2,3 근무변수에 대해서 아래와 같은 식으로 표현할 수 있다.

(어제근무변수 or !오늘근무변수 or 내일근무변수) == true

AddBoolOr(ILiteral 배열변수값) 함수는 배열변수의 논리합이 참이라는 제약식을 표현할때 사용한다.

설명

오늘 근무를 했으면 어제근무변수 혹은 내일근무변수는 1이 되어야 한다.
아래 경우 제약식을 만족한다.

어제근무변수	오늘근무변수	내일근무변수	제약식값
1	1	0	true
0	1	1	true
1	1	1	true

그렇지만 다음과 같은 경우는 제약식값이 false가 되어 제약을 만족하지 않는다.

어제근무변수	오늘근무변수	내일근무변수	제약식값
0	1	0	false

최적화 문제를 풀고 결과를 파일에 저장하는 코드는 아래와 같다.

코드

```
CpSolver solver = new CpSolver();
CpSolverStatus status = solver.Solve(model);

StreamWriter wFile
= new StreamWriter(
  new FileStream("solution.txt", FileMode.Create) );
for (int d = 0; d < num_days; ++d)
{
   wFile.WriteLine(“Day{0}", d);
   for (int n = 0; n < num_nurses; ++n)
   {
      for (int s = 0; s < num_shifts; ++s)
      {
         if (solver.BooleanValue(shift[n, d, s]))
         {
          wFile.WriteLine(“Nurse{0} is working shift{1}", n, s));
         }
      }
   }
}
wFile.Close();
```

설명

solver.BooleanValue() 함수는 특정 변수값을 가져오는 함수이다. 해당 변수가 true 인 경우 특정 nurse가 특정 shift에서 근무하는 경우이므로 파일에 근무정보를 출력하도록 한다. 최정 결과 파일은 다음과 같다.

```
solution.txt - Windows 메모
파일(F) 편집(E) 서식(O) 보
Day0
Nurse0 is working shift0
Nurse1 is working shift3
Nurse2 is working shift2
Nurse3 is working shift1
Day1
Nurse0 is working shift0
Nurse1 is working shift3
Nurse2 is working shift2
Nurse3 is working shift1
Day2
Nurse0 is working shift3
Nurse1 is working shift0
Nurse2 is working shift2
Nurse3 is working shift1
Day3
Nurse0 is working shift3
Nurse1 is working shift2
Nurse2 is working shift1
Nurse3 is working shift0
Day4
Nurse0 is working shift3
Nurse1 is working shift2
Nurse2 is working shift0
Nurse3 is working shift1
Day5
Nurse0 is working shift3
Nurse1 is working shift2
Nurse2 is working shift1
Nurse3 is working shift0
Day6
Nurse0 is working shift3
Nurse1 is working shift2
Nurse2 is working shift0
Nurse3 is working shift1
```

8.8 Constraint Programming을 이용한 Job Shop 작업계획

Job Shop 문제는 n개의 작업을 n개의 설비에서 작업하는 방법을 찾는 문제이다. 아래와 같은 6개의 작업을 고려해보자.

작업번호	작업 설비순서					
1	2	0	1	3	5	4
2	1	2	4	5	0	3
3	2	3	5	0	1	4
4	1	0	2	3	4	5
5	2	1	4	5	0	3
6	1	3	5	0	4	2

위 표에서 보는 바와 같이 작업별로 처리해야하는 순서가 있다. 예를 들어 1번 작업은 "2번설비 > 0번설비 > 1번설비 > 3번설비 > 5번설비 > 4번설비" 순서로 작업을 해야 한다. 또한 각 설비별로 작업시간이 다음과 같이 주어져 있다.

	설비별 필요한 작업시간					
작업번호	**0**	**1**	**2**	**3**	**4**	**5**
1	1	3	6	7	3	6
2	8	5	10	10	10	4
3	5	4	8	9	1	7
4	5	5	5	3	8	9
5	9	3	5	4	3	1
6	3	3	9	10	4	1

작업순서와 시간을 고려하면 1번 작업은 아래와 같은 순서로 각 설비에서 작업을 진행해야 한다.

2번(6시간) > 0번(1시간) > 1번(3시간) > 3번(7시간) > 5번(6시간) > 4번(3시간)

각 설비에서 작업을 어떤 순서로 처리할 지 결정해야 한다. 전체 작업을 가장 빨리 끝낼 수 있는 순서를 정하는 것이 중요하다. Job Shop 문제에서 전체작업완료시간을 Makespan 이라고 한다.

OR-Tools 의 CP 도구를 이용하여 Job Shop 문제를 풀기 위해서는 아래와 같은 코드 구조가 필요하다.

```
//필요한 외부 네임스페이즈 지정
namespace JobShopTest
{
  class Program
  {
    public struct Task
```

```
    {
      // 각 작업의 설비별 태스크를 정의하는 구조체 정의
    }
    static void Main(string[] args)
    {
      // 필요한 상수 및 변수 생성
      // 제약설정
      // 최적해를 구하고 해를 파일에 저장
    }
  }
}
```

Task 구조체는 다음과 같이 정의된다.

코드	`public struct Task`
	`{`
	`  public Task(IntVar s, IntVar e, IntervalVar i)`
	`  {`
	`    start = s;`
	`    end = e;`
	`    interval = i;`
	`  }`
	`  public IntVar start;`
	`  public IntVar end;`
	`  public IntervalVar interval;`
	`}`

설명	각 task는 시작시간(start), 종료시간(end), "interval"이라는 변수로 정의된다. InteralVal 변수는 start+작업시간=end 형태의 제약을 정의하는 변수이다. 코드에서 Task() 메소드는 생성자를 정의하고 있다.

필요한 상수는 아래와 같은 코드를 사용한다.

코드	`int[,] durations = new int[,] { {1, 3, 6, 7, 3, 6},`
	`                {8, 5, 10, 10, 10, 4},`
	`                {5, 4, 8, 9, 1, 7},`
	`                {5, 5, 5, 3, 8, 9},`
	`                {9, 3, 5, 4, 3, 1},`

코드	`{3, 3, 9, 10, 4, 1} };`
	`int[,] machines = new int[,] { {2, 0, 1, 3, 5, 4},`
	`{1, 2, 4, 5, 0, 3},`
	`{2, 3, 5, 0, 1, 4},`
	`{1, 0, 2, 3, 4, 5},`
	`{2, 1, 4, 5, 0, 3},`
	`{1, 3, 5, 0, 4, 2} };`
	
	`int num_jobs = durations.GetLength(0);`
	`int num_machines = durations.GetLength(1);`
	`var all_jobs = Enumerable.Range(0, num_jobs);`
	`var all_machines = Enumerable.Range(0, num_machines);`
	
	`int horizon = 0;`
	`foreach (int j in all_jobs)`
	`{`
	`  foreach (int m in all_machines)`
	`  {`
	`    horizon += durations[j, m];`
	`  }`
	`}`

설명	durations는 각 작업의 설비별 필요작업시간을 나타내는 2차원 배열이다. 행이 작업이고 열이 설비를 나타낸다. machines는 각 작업별 필요한 설비 순서이다. 행은 작업을 의미하고 열은 순서를 뜻한다. 코드에서 num_jobs는 durations의 행 개수로 설정하고, num_machines는 durations의 열 개수로 설정되었다. all_jobs는 작업번호를 지칭하는 배열이고 0~5값을 가지며, all_machines는 설비번호를 지칭하는 배열이고 0~5값을 가진다. horizon는 시간축의 최대값을 정하는 것으로 모든 작업시간을 합해서 구한다.

모델에 필요한 변수는 다음과 같이 정의한다.

코드	`CpModel model = new CpModel();`
	`Task[,] all_tasks = new Task[num_jobs, num_machines];`
	`foreach (int j in all_jobs)`
	`{`
	` foreach (int m in all_machines)`
	` {`
	`  IntVar start_var`

코드	<pre>=model.NewIntVar(0, horizon,
	 String.Format("start_{0}_{1}", j, m));
	int duration = durations[j, m];
	IntVar end_var
	 = model.NewIntVar(0, horizon,
	  String.Format("end_{0}_{1}", j, m));
	IntervalVar interval_var
	 = model.NewIntervalVar(start_var, duration, end_var,
	  String.Format("interval_{0}_{1}", j, m));
	all_tasks[j, m] = new Task(start_var, end_var, interval_var);
	}
	}</pre>

설명	6개의 작업과 6개의 설비가 있으므로 총 36개의 task객체 안에 start_var, end_var, interval_val 변수가 정의된다.

제약은 다음과 같이 정의된다.

작업의 설비 작업순서 제약	

코드	<pre>foreach (int j in all_jobs)
	{
	 for (int k = 0; k < (num_machines - 1); ++k)
	 {
	  model.Add(
	       all_tasks[j, machines[j, k+1]].start
	     >= all_tasks[j, machines[j, k]].end);
	 }
	}</pre>

설명	"작업의 k번째 설비의 종료시간은 (k+1)번째 설비의 시작시간보다 같거나 작아야 한다." 라는 제약을 각 작업별로 등록해 준다.

각 설비에서는 두 가지 작업을 동시에 할 수 없도록 하는 제약	

코드	<pre>List<IntervalVar>[] machine_to_jobs
	 = new List<IntervalVar>[num_machines];
	foreach (int m in all_machines)
	{
	 machine_to_jobs[m] = new List<IntervalVar>();</pre>

코드	```
	}
	foreach (int j in all_jobs)
	{
	 foreach (int m in all_machines)
	 {
	   machine_to_jobs[machines[j, m]].Add
	    (all_tasks[j, machines[j, m]].interval);
	 }
	}
	foreach (int m in all_machines)
	{
	 model.AddNoOverlap(machine_to_jobs[m]);
	}
	``

설명	machine_to_jobs 리스트는 각 설비에서 수행하는 작업들의 interval 변수집합이며, 이러한 변수들이 서로 중복되지 않도록 하는 제약이 AddNoOverlap() 제약 함수이다.

CP 모델을 생성하고 최적 해를 구하는 코드는 다음과 같다.

코드

```
IntVar[] all_ends = new IntVar[num_jobs];
foreach (int j in all_jobs)
{
  all_ends[j] = all_tasks[j, num_machines - 1].end;
}
IntVar makespan = model.NewIntVar(0, horizon, "makespan");
model.AddMaxEquality(makespan, all_ends);
model.Minimize(makespan);
CpSolver solver = new CpSolver();
solver.Solve(model);
```

설명

all_ends 변수는 각 작업의 마지막 Task의 종료시간을 저장하게 되고, AddMaxEquality() 함수를 통하여 아래 제약이 적용되기 때문에 makespan변수는 모든 작업이 종료되는 시점을 저장하는 변수가 된다.

makespan 변수값 == all_ends 의 최대값

makespan을 최소화하는 목적식을 설정하고 최적해를 구한다.

최적해를 파일에 저장하는 코드는 다음과 같다.

코드

```
StreamWriter wFile
= new StreamWriter(new FileStream("sched.txt", FileMode.Create));
foreach (int j in all_jobs)
{
 int jobid = j + 1;
 wFile.Write("job"+ jobid + ": ");
 foreach (int m in all_machines)
 {
  int mid= machines[j, m];
  wFile.Write(mid + "(" + solver.Value(all_tasks[j, mid].start)
   + "~" + solver.Value(all_tasks[j, mid].end)+") ==> ");
 }
 wFile.WriteLine();
}
```

설명

solver.Value(변수) 를 이용하여 현재해 값을 가지고 올 수 있다. 모든 작업의 각 설비별 Task의 시작시간과 종료시간을 가져와서 파일에 순서대로 저장한다. 생성된 결과 파일은 다음과 같은 모습이 된다.

sched.txt - Windows 메모장

파일(F) 편집(E) 서식(O) 보기(V) 도움말(H)

job1: 2(0~6) ==> 0(6~7) ==> 1(7~10) ==> 3(10~17) ==> 5(17~23) ==> 4(28~31) ==>
job2: 1(16~21) ==> 2(25~35) ==> 4(35~45) ==> 5(45~49) ==> 0(49~57) ==> 3(57~67) ==>
job3: 2(17~25) ==> 3(25~34) ==> 5(37~44) ==> 0(44~49) ==> 1(49~53) ==> 4(53~54) ==>
job4: 1(0~5) ==> 0(7~12) ==> 2(12~17) ==> 3(17~20) ==> 4(20~28) ==> 5(28~37) ==>
job5: 2(6~11) ==> 1(13~16) ==> 4(16~19) ==> 5(23~24) ==> 0(24~33) ==> 3(44~48) ==>
job6: 1(10~13) ==> 3(34~44) ==> 5(44~45) ==> 0(57~60) ==> 4(60~64) ==> 2(64~73) ==>

위 풀이 결과를 설비와 시간축을 이용하여 간트차트로 표현하면 다음과 같이 표현할 수 있다. 0으로 표현된 부분은 작업이 없는것을 의미하고 1 이상 숫자로 표현된 곳은 작업번호를 의미한다. 전체작업은 73시간에 완성되는 것을 확인 할 수 있다.

	1	2	3	4	5	6	7	8	9	10	11	12	13	14	15	16	17	18	19	20	21	22	23	24	25
m#0:	0	0	0	0	0	0	1	4	4	4	4	4	0	0	0	0	0	0	0	0	0	0	0	0	5
m#1:	4	4	4	4	4	0	0	1	1	1	6	6	6	5	5	5	2	2	2	2	2	0	0	0	0
m#2:	1	1	1	1	1	1	5	5	5	5	5	0	4	4	4	4	4	3	3	3	3	3	3	3	3
m#3:	0	0	0	0	0	0	0	0	0	0	1	1	1	1	1	1	1	4	4	4	0	0	0	0	0
m#4.	0	0	0	0	0	0	0	0	0	0	0	0	0	0	0	0	5	5	5	0	4	4	4	4	4
m#5:	0	0	0	0	0	0	0	0	0	0	0	0	0	0	0	0	0	1	1	1	1	1	1	5	0

	26	27	28	29	30	31	32	33	34	35	36	37	38	39	40	41	42	43	44	45	46	47	48	49	50
m#0:	5	5	5	5	5	5	5	5	0	0	0	0	0	0	0	0	0	0	0	3	3	3	3	3	2
m#1:	0	0	0	0	0	0	0	0	0	0	0	0	0	0	0	0	0	0	0	0	0	0	0	0	3
m#2:	2	2	2	2	2	2	2	2	2	2	0	0	0	0	0	0	0	0	0	0	0	0	0	0	0
m#3:	3	3	3	3	3	3	3	3	3	6	6	6	6	6	6	6	6	6	6	5	5	5	5	0	0
m#4.	4	4	4	1	1	1	0	0	0	0	2	2	2	2	2	2	2	2	2	2	0	0	0	0	0
m#5:	0	0	0	4	4	4	4	4	4	4	4	4	3	3	3	3	3	3	3	6	2	2	2	2	0

	51	52	53	54	55	56	57	58	59	60	61	62	63	64	65	66	67	68	69	70	71	72	73	74
m#0:	2	2	2	2	2	2	2	6	6	6	0	0	0	0	0	0	0	0	0	0	0	0	0	0
m#1:	3	3	3	0	0	0	0	0	0	0	0	0	0	0	0	0	0	0	0	0	0	0	0	0
m#2:	0	0	0	0	0	0	0	0	0	0	0	0	0	0	6	6	6	6	6	6	6	6	6	0
m#3:	0	0	0	0	0	0	0	2	2	2	2	2	2	2	2	2	2	0	0	0	0	0	0	0
m#4.	0	0	0	3	0	0	0	0	0	0	6	6	6	6	0	0	0	0	0	0	0	0	0	0
m#5:	0	0	0	0	0	0	0	0	0	0	0	0	0	0	0	0	0	0	0	0	0	0	0	0